GREEK VOCABULARY AND IDIOM

FOR HIGHER FORMS

W.J. BULLICK

&

J.A. HARRISON

Bristol Classical Press

This edition published in 2004 by
Bristol Classical Press
an imprint of
Gerald Duckworth & Co. Ltd.
90-93 Cowcross Street
London EC1M 6BF
Tel: 020 7490 7300
Fax: 020 7490 0080
inquiries@duckworth-publishers.co.uk
www.ducknet.co.uk

Reprinted by agreement with
The Methodist College Belfast.

A catalogue record for this book is available
from the British Library.

ISBN 1 85399 677 7

CONTENTS

PREFACE

THIS Vocabulary aims to give those words of most frequent recurrence in the Classical Greek writers. You may be advised to omit some few of the words; it is more likely, however, that you will find it expedient in the course of your reading to add to this list, for which purpose you will find a number of blank pages at the end of this book. You are advised to read carefully the brief notes introducing each of the three parts of the book.

At the outset we wish to emphasize these points:

1. You should not, of course, sit down and memorize each day so many words of the Drama vocabulary, but rather, soon after commencing to read a Greek drama, you should read frequently a portion of the basic list (preferably aloud) until, as your reading progresses, you will gradually find that you are becoming familiar with it.

2. If the Basic Drama list may be regarded as a ' passive ' vocabulary, the Prose list is certainly an ' active ' working vocabulary and the sooner it is memorized the easier your translation both ways will become. It contains about 2,500 of the most frequently recurring words in Plato, Thucydides and Demosthenes.

3. To enable you to memorize the lists with less difficulty the ' group ' system will be found helpful. In the Prose list you will find cognate verb, noun and adjective listed together and in the Drama list words of similar or kindred meaning are grouped. Thirteen Greek words are given for ' pain, grief, lamentation '.

4. Your particular attention is drawn to Note 7 introducing the Prose list. Five different Greek words are given to indicate a few

of the different shades of meaning of the English verb ' raise '; in the case of the verb ' put ' twenty-four Greek verbs are given.

It will be noticed that in addition to the idiomatic usages in Part 3 many more are interspersed throughout the Prose Vocabulary, for in writing stylish Greek prose a good working vocabulary and knowledge of the commonest idioms are essential.

5. In translating English abstract expressions you must frequently disregard the form of the English and translate the exact meaning grammatically and as idiomatically as possible. For a fuller and very clear treatment of this aspect students are referred to an excellent little book: *An Introduction to Greek Prose Composition* by A. H. Nash-Williams.

6. Finally it cannot be too strongly emphasized that the quickest and surest method of learning Greek is to study the prose usage of the best Greek writers; never translate into English until you read a portion of the Greek—preferably aloud; always aim at translating into a good style of English, first making sure that you can translate the portion literally (i.e. grammatically); choose certain passages from the Greek text which appeal to you for their content, rhythm and style and commit them to memory. In this way you will make your study of the language far more interesting and you will most rapidly reach the competence which you aim at—a correct and stylish translation from Greek to English and from English to Greek.

W. J. B.

ACKNOWLEDGEMENT

WE wish to thank our pupil D. McK. Walker, Scholar of Magdalen College, Oxford, who gave us great assistance in proof-reading and checking.

W. J. B.
J. A. H.

PART ONE

DRAMA VOCABULARY

THIS list contains about 850 words of very common occurrence especially in Euripides and Sophocles. Many editions of Greek tragedies have no Vocabulary. A Greek learner who becomes familiar with this basic list as soon as possible after beginning to read Greek drama will find his work of consulting a dictionary (or other source) greatly simplified.

The order is mainly alphabetical but words of kindred meaning are grouped together out of alphabetical order and are *not* then repeated under their initial letter.

Some of these words are also used by prose authors but very common prose words which are also used in verse (e.g. ὁράω, ἀκούω) are not included.

Words whose meaning can be easily guessed from a common prose word (e.g. ἱππεύω from ἵππος) are usually omitted.

If the simple verb is given, obvious compounds are omitted (e.g. αὐδάω appears but not προσαυδάω).

A knowledge of such prefixes as ὁμ-, εὐ-, δυσ-, ἀ-, ἀν- is assumed, so μόρος appears but not δύσμορος.

Many compound words not given can be translated by using simple forms given,

e.g. λευκόπωλος ' with white horses ' from λευκός and πῶλος.

ἑπτάπυργος ' with seven towers ' from ἑπτά and πύργος.

γηγενής ' earth-born '   from γῆ and γένος.

For key to abbreviations see page 20.

ἁβρός, μαλθακός	delicate, soft
ἀγάλλομαι	to exult

ἄγαλμα (n)	an ornament, statue
ἅγιος, ἁγνός, σεμνός, θεῖος	holy, sacred
ἀγκάλη, βραχίων, ὠλένη	the arm
ἄγριος, νηλεής, ὠμός	cruel, savage
ἄγρυπνος	sleepless
ἀείδω, μέλπω, ὑμνέω	to sing
nouns ᾠδή, μέλος (n) a song	
αἰετός	an eagle
αἴθων	blazing, fiery
αἰκία	an outrage
ἀκέομαι, ἰάομαι	to heal
noun ἄκος (n) a cure	
adj. ἀνήκεστος incurable,	
unforgivable	
ἀκούσιος same as ἄκων	unwilling
ἀλάστωρ, -ορος	an avenger
ἀλγέω, στένω, πενθέω, στενάζω,	to grieve, mourn, lament
οἰμώζω, ὀδύρομαι, κωκύω,	
θρηνέω, γοάω	
ἀλγύνω, ἀνιάω, λυπέω, δάκνω	to hurt, grieve, vex
nouns ἄλγος, (n) πένθος (n),	grief, distress, pain, lamenta·
ἀλγηδών, λύπη, πῆμα (n),	tion
ὀδύνη, κῆδος (n), ἄχος (n),	
στόνος, ὀδυρμός, θρῆνος,	
οἰμωγή, γόος	
adjs. ἀλγεινός, λυπηρός, δυσχερής,	grievous, troublesome
ἐπαχθής	
ἀλείφω, χρίω	to anoint
ἀλίγκιος, ἐμφερής, προσφερής	like, similar
ἅλλομαι, θρώσκω	to leap
ἀλλότριος, ἀλλόφυλος	alien, foreign
ἄλοχος, σύζυγος, δάμαρ	wife

ἁμάρτημα (n), ἀμπλάκημα (n), πλημμέλημα (n), πταῖσμα (n)	a mistake, sin, slip
ἀμβλύνω	to blunt, weaken
ἀμείβομαι	to change, exchange, repay, answer
ἄμπελος	the vine
ἀναιδής, ἀναίσχυντος, θρασύς	impudent, shameless
ἀνάσσω, δεσπόζω, κοιρανέω	to rule, reign
nouns ἄναξ, κοίρανος, κύριος, ταγός, προστάτης	king, chief, ruler
ἄνασσα, δέσποινα	queen, mistress
ἀνορθόω	to restore, re-establish
ἀντολή or plural	sunrise
ἄντρον, σπήλαιον	a cave, cavern
ἄνωγα	I bid, order
ἀπαλλαγή	deliverance, riddance
ἅπτομαι, ψαύω, θιγγάνω	to touch
ἀράομαι	to pray, curse
noun ἀρά a curse	
adj. κατάρατος accursed	
ἀργός	idle, slothful; bright
ἀρέσκω, ἁνδάνω	to please
ἀρήγω, ὑπουργέω	to help
noun ἀρωγή	
ἄρνυμαι	to win
ἄρουρα	arable land, a field
ἄρσην, -ενος (adj.)	male
ἀσκέω	to practise
ἀσπάζομαι	to greet, welcome
ἄσσω	to rush, dart
ἄτερ (with genitive)	without
ἀτιμάζω, ἀποπτύω, ἀπωθέω	to despise, reject

ἄτλητος, δύσοιστος	intolerable
αὐαίνω	to wither
αὐγή, σέλας (n), ἀκτίς-ῖνος	a beam of light
αὐδάω, ἐννέπω, φράζω, φθέγγομαι, φωνέω, θροέω	to speak, utter, tell
nouns φθέγμα (n), φθόγγος	the voice
αὐλός	a flute
αὐχήν-ένος, δέρη	the neck
ἄφθονος	plentiful
ἄφρων, εὐήθης	foolish
βαιός	little
βάκτρον, βακτηρία, ῥάβδος	a stick, staff
βάραθρον, βόθρος	a hole, pit
βλαστάνω (intrans.)	to grow
noun βλάστημα (n)	a shoot, offspring
βλέπω, λεύσσω, δέρκομαι, ἀθρέω, θεάομαι, θεωρέω and compounds	to see, look at
βορά, τροφή	food
βόσκω	to feed
βότρυς-υος	grapes
βουκόλος βουφορβός	a herdsman
βραβεύς	a judge
βρέχω, βάπτω, τέγγω	to dip, wet
βροντή	thunder
γέγηθα	to rejoice
γέγωνα	to shout
γενειάς-άδος	a beard
γένειον	the chin
γενναῖος (adj.)	noble

γόνος, γονή, γένος (n), σπέρμα (n) seed, race
γυμνός naked, defenceless

δαίμων a god, fortune
δαίς-δαιτός, ἑορτή a feast, festival
δάκρυ (n), δάκρυον a tear
δάκτυλος a finger
δαμάζω to tame, subdue
  adj. ἄδμητος untamed, unwed
δειμαίνω, ταρβέω, ὀρρωδέω to fear
  nouns δεῖμα (n), δέος (n),
    τάρβος (n), ὀρρωδία
δέμας (n) the body
δεσμός a chain, bond
δεσμώτης, δέσμιος a prisoner
δημότης a citizen
διαδοχή succession
δίδυμος twin
δίκτυον a net
δισσός, διπλοῦς, δίπτυχος double
δίφρος, ἅρμα (n), ὄχος, ὄχημα (n), a car, chariot
  ἀπήνη
δίχα (adverb or preposition + gen.) separate, apart from
δόμοι, δῶμα (n), στέγος (n), στέγη a house
  (στέγω to cover)
δρόσος dew
δρῦς-υός an oak tree
δύσκολος discontented
δυσμενής hostile
δυσχεραίνω to be annoyed
δώρημα (n), γέρας-αος (n) a gift, reward

A3

ἐγχώριος, οἰκήτωρ	an inhabitant
ἐθίζω	to accustom
εἴωθα	to be accustomed
adj. ἀήθης unaccustomed	
εἰκάζω	to guess
εἰκών-όνος	an image, likeness
ἐκδύω or ἐκδύομαι	to take off (clothes)
ἔλαφος	a deer
ἑλίσσω, δινέω	to roll, spin
ἐμποδίζω	to hinder, delay
ἔμψυχος	alive
ἐναργής, ἐμφανής	clear, apparent
ἔνδικος, ὀρθός	just, upright
ἐνδύω, ἀμφιέννυμι	to put on (clothes)
ἐννοέω	to consider, intend
ἔννοια, μέριμνα, φροντίς	a thought, care, anxiety
ἐντολή	a command
ἐνύπνιον, ὄναρ (n), ὄνειρος	a dream
ἐξαρτύω	to fit out
ἔξοχος, ἐκπρεπής	excellent, outstanding
ἐπισκήπτω	to enjoin, solemnly bid
ἐπώνυμος	called after, surnamed
ἐρεθίζω	to stir up, provoke
ἐρέσσω	to row
nouns ἐρετμός, κώπη an oar	
ἐρευνάω, ματεύω, θηράω, ἰχνεύω	to hunt, search
nouns ἴχνος (n), στίβος foot-print, path	
ἐρίζω, ἁμιλλάομαι	to contend, fight
nouns ἔρις, νεῖκος (n), strife	
ἕρκος (n)	a fence
ἑρμηνεύς	an interpreter

ἔρυμα (n) (verb ἐρύομαι protect)	a fortification
ἑστία, ἐσχάρα	hearth
ἔσχατος	extreme
ἐτήτυμος	true, real
εὐβουλία, πρόνοια, προμηθία	prudence, foresight
εὐδαιμονέω	to prosper
εὐθύνω	to govern, direct
εὔπορος	rich
εὐτρεπίζω, ἑτοιμάζω	to prepare
adjs. εὐτρεπής, πρόχειρος ready	
εὐφραίνομαι	to be glad
εὐχερῶς, εὐμαρῶς	easily
ἐχθαίρω, στυγέω	to hate
nouns ἔχθος (n), ἔχθρα hatred	
ζωή, αἰών, βιοτή, βίοτος	life
ζώνη, ζωστήρ	a girdle
ἡβάω, ἀκμάζω	to be vigorous, in one's prime
nouns ἥβη youth; ἀκμή prime	
ἦθος	disposition, character
ἦμαρ (n), also φῶς, φέγγος (n)	day, daylight
θάλαμος	a room, bride-chamber
θάλλω, ἀνθέω	to bloom, flourish
θάλπω	to heat
nouns θάλπος (n), καῦμα (n)	
θάσσω, θακέω	to sit
nouns θᾶκος, θρόνος, ἕδρα a seat	
θέλγω, κηλέω	to charm, soothe
θέλω for ἐθέλω	to be willing, wish
θέμις	right (in sight of the gods)

θεσπίζω	to predict
θῆλυς (adj.)	female
θνητός, βροτός	mortal
θρίξ-τριχός, χαίτη, κόμη	hair
θρύπτω, θραύω	to break, smash
θύελλα	a storm
θῦμα (n), πρόσφαγμα (n) (see σφάζω)	a sacrifice
θυραῖος, ἔκδημος	outside, abroad

ἱδρύω	to found, establish
ἱδρώς-ῶτος	sweat
ἱκετεύω, λίσσομαι, λιπαρέω	to ask, beg
nouns ἱκέτης, ἐφέστιος (see ἑστία)	
προστρόπαιος	a suppliant
λιτή	a prayer
ἱστορέω	to ask, enquire

καθαίρω	to cleanse
noun καθαρμός purification	
καινός, νεοχμός	new, fresh
κάμπτω	to bend
adjs. καμπτός, καμπύλος curved,	
bent	
κάρα (n)	the head
καρδία, κέαρ or κῆρ-κῆρος (n)	the heart
κάρτα, πάνυ, παντελῶς, ὅλως	very much, completely
καρτερέω	to endure
κασίγνητος, κάσις-ιος	a brother, sister
κασιγνήτη	a sister
κεῖνος for ἐκεῖνος	he, that man
κελαινός, σκοτεινός, ἀμαυρός	dark, gloomy
κέλευθος (f), οἷμος, ἀγυιά	road, way, street

κέντρον	a prick, goad
κεράννυμι	to mix
adjs. ἄκρατος unmixed; ἀκήρατος pure, stainless	
κεραυνός	lightning, thunderbolt
κερδαίνω	to gain
noun κέρδος (n)	
κηδεύω	to ally oneself in marriage
noun κῆδος (n) a relation	
κηρύσσω	to proclaim
noun κήρυγμα (n)	
κινέω, ταράσσω	to stir up, disturb
κίων-ονος, στήλη	a pillar
κλάδος	a branch, twig
κλεινός, εὐκλεής, ἔνδοξος	famous
nouns κλέος (n), εὔκλεια fame	
κλείω, φράσσω, πυκάζω	to bar, shut
κληρόομαι, πάλλω	to cast lots
nouns κλῆρος, πάλος	
κλύω	to hear
κοιλία, νηδύς	belly, womb
κοινωνός, συνεργός	accomplice, partner
κόλπος	a bosom, bay
κομπάζω, αὐχέω, εὔχομαι	to boast
κόνις-εος or εως	dust
κορυφή, λόφος	a crest, ridge
κοσμέω, καλλύνω, περιστέλλω	to adorn
κουφίζω	to lighten, relieve
κραυγή, βοή	a cry, shout
κρημνός, πάγος	a cliff, rock
κρήνη, πηγή	a fountain, well
κρυφῇ, κρύβδην, λάθρα	secretly

κυάνεος	dark blue
κυβερνήτης	a helmsman
κύβοι	dice
κύλιξ	a cup
κῦμα (n), κλύδων, οἶδμα (n)	a wave, surf
κυνηγέτης	a hunter
κυρεῖν	to happen, turn out
κῶμος	a revel
κωφός	dumb

λαμπάς, δᾶς-δᾷδος	a torch
λαμπρός, φαιδρός, φαεινός	bright, brilliant
λάμπω, στίλβω, ἀστράπτω	to blaze, shine
λευκός	white
λέχος (n), κοίτη, λέκτρον, εὐνή	a bed
λήθομαι, ἀμνημονέω	to forget
λόγχη, δόρυ-ατος (n), ἔγχος (n)	a spear
λοιδορέω, κακοστομέω, ὑβρίζω, λωβάομαι	to revile, insult
λόφος, κράνος (n)	crest of a helmet
λύρα, κιθάρα	a lyre
λυσσάω, μαίνομαι	to rage, be mad
nouns λύσσα, μανία madness	
adjs. ἐμμανής, ἔκφρων mad	
λύτρον, ἄποινα	ransom
λῷστος	best

μαντεύομαι	to deliver or consult an oracle
nouns μαντεῖον, μάντευμα (n), χρησμός	an oracle
οἰωνός	an omen
μάντις, χρησμῳδός, οἰωνοσκόπος	a seer, prophet

μαραίνομαι, φθίνω, τήκομαι	to fade, wither, pine away
μάρναμαι	to fight
μάρπτω, ἁρπάζω	to seize
μάταιος, κενός	vain, empty
μειδιάω	to smile
μέλαθρον	a hall
μέλος (n), ἄρθρον	a limb
μεστός	full
μετάρσιος	aloft
μέτριος	temperate
μήνη	the moon
μηρός, μηρία (n. pl)	the thigh
μιαίνω, λυμαίνομαι	to defile, pollute
nouns μίασμα (n), μύσος (n), ἄγος (n)	pollution, infection
μίμνειν for μένειν	to remain
μνημονεύω	to remember
nouns μνῆμα (n), μνημεῖον a memorial	
μοῖρα, μόρος (verb μείρομαι) πότμος, αἶσα, τὸ εἱμαρμένον, τὸ πεπρωμένον	destiny, fate
μολεῖν from βλώσκω	to come
μοῦνος for μόνος, οἶος	only, alone
μοχθηρός, πονηρός, φαῦλος, ἀνόσιος	evil, bad, impious
μοχλός, κλῆθρον	a bar, bolt
μυχός	innermost part, a bay
ναίω	to dwell
νάπη, νάπος (n)	a valley
ναυστολέω, ναυτίλλομαι	to sail
nouns ναυτίλος, ναυβάτης a sailor	

νέκυς, νεκρός	a corpse
νέμεσις	jealousy or anger of the gods
νέμω	to allot, grant
νεώς, ναός	a temple
νομή	pasture
νοστέω	to return
noun νόστος	
νωμάω	to wield, ply
ξανθός	yellow
ξίφος (n), φάσγανον, ἔγχος (n)	a sword
ὁδοιπορέω	to travel
noun ὁδοιπόρος a traveller	
οἱ πρίν, οἱ πρόσθε(ν), οἱ πάρος	ancestors
οἱ κάτω, οἱ ἔνερθεν, οἱ νέρτεροι, οἱ κεκμηκότες	the dead
οἰκεῖος	one's own
οἰκτίζω	to pity
nouns οἶκτος, ἔλεος pity	
adjs. οἰκτρός, ἐλεινός pitiable	
ὄϊς, μῆλον, βοτόν	sheep
οἰστός, βέλος (n), ἰός	an arrow
ὀκνέω	to delay, hesitate
ὄλβιος, μάκαρ	fortunate, blessed
ὄμβρος	rain
ὄμμα (n), βλέφαρον	the eye
ὄνειδος (n)	a disgrace, taunt
ὀνίνημι	to benefit
ὄρθριος, ἐωθινός	in the morning
ὅρκος	an oath
ὅρμος	a haven, refuge

ὄρφνη, εὐφρόνη	darkness, night
ὀτρύνω	to urge, spur on
οὐδός	threshold
οὖρος	a favourable wind
ὄφις, ἔχιδνα, δράκων	a serpent, snake
ὀφρύς-ύος	the eyebrow
ὀχλέω	to annoy
πάθος (n), συμφορά, δυσπραξία	calamity, disaster
παίζω	to sport, play
παλαιός, ἀρχαῖος	old, former
παλαίω	to wrestle
πανοῦργος, κακοῦργος	a villain
παντοῖος, ποικίλος	varied, of all kinds
πάρα for πάρεστι	it is allowed
παρθένος, νεᾶνις, νύμφη	a girl, young woman
πατέω, λακτίζω	to kick, trample
πατρῷος, πάτριος	ancestral
πέδιλον (usually plural)	a sandal, shoe
πέλας, ἄγχι	near
περαίνω, τελευτάω, ἀνύ(τ)ω	to complete
πέρθω, πορθέω	to plunder, destroy
περισσός	remarkable, excessive
πέτρα, πέτρος	a rock
adj. πετρώδης rocky	
πεύκη, πίτυς	a fir, pine tree
πιέζω	to oppress
πικρός	bitter
πιπράσκω, ἐμπολάω	to sell
πίτνω for πίπτω	to fall
πλανάομαι, ἀλάομαι	to wander
πλήσσω, πατάσσω, κόπτω, τύπτω	to strike, smite

A4

nouns πληγή, τραῦμα (n), ἕλκος (n)	a blow, wound
πνεῦμα (n), πνοή	a breath, wind
ποθέω, ἱμείρω, χρῄζω	to desire
ποιμαίνω	to tend flocks
nouns ποίμνη, ποίμνιον, ἀγέλη	a flock
πόλος, αἰθήρ, ἀήρ	the sky, heaven
πονέω, κάμνω, μοχθέω	to labour, be distressed
nouns πόνος, κάματος, μόχθος	labour
πόντος, πέλαγος (n)	the sea
πόσις	a husband
πρᾶος, ἥμερος	gentle
πρόσχημα (n)	a pretext, pretence
πρόσωπον	the face
πρύμνα	stern of a ship
πρώτιστος for πρῶτος	first
πτέρυξ, πτερόν	a wing
πτοέω, ταράσσω	to frighten
πτόλις, πόλισμα (n)	a city
πτωχός	a beggar
πυρά	a funeral pyre
πύργος	a tower
πῶλος	a colt, foal
ῥεῖθρον, ῥεῦμα (n), ῥοή	a river, stream
ῥέπω	to turn (of scales)
noun ῥοπή	
ῥῆμα (n)	a word, saying
σάρξ	flesh
σέβω, σέβομαι, προσκυνέω	to worship, adore
adjs. εὐσεβής, δυσσεβής, ἀσεβής	

σέθεν for σοῦ	of you, your (sing.)
σείω, τινάσσω	to shake
σημαίνω	to show
σθένω, ἰσχύω	to be strong, able
nouns σθένος (n), ἰσχύς,	
κράτος (n), ῥώμη, ἀλκή, βία	power, strength
adjs ἄρρωστος sick ; ἄλκιμος brave	
βίαιος violent	
σιωπάω, εὐφημέω	to be silent
σκάπτω	to dig
σκάφος (n), πλοῖον	a boat
σκῆπτρα (n. plural)	government, royal power
σκληρός, αὐθάδης	stiff, obstinate
σκυθρωπός	sullen-looking
σκώπτω, κερτομέω	to mock, laugh at
σμικρός for μικρός	small, little
σπάω	to drag, tear, snatch
σποδός (f), τέφρα	ash, ashes
στάζω	to drip
στάχυς-υος	an ear of corn
στέργω	to love
στέφος (n), στέμμα (n)	a garland
στῆθος (n), στέρνον, μαστός	a breast
στολή, ἐσθής,	garment, dress, clothes
πέπλος, εἷμα (n)	
στόμα (n)	the mouth
στόμιον, ἡνία, χαλινός	bridle, bit, rein
ἡνιοστρόφος a charioteer	
στοχάζομαι	to shoot, aim at
σύναιμος, συγγενής, ὁμαίμων	kin
σύνθημα (n)	agreement, treaty
συνίστωρ	a witness

σύντροφος	a companion
συχνός	frequent, many
σφάζω	to sacrifice, slay
nouns σφαγή	sacrifice, slaughter
σφαγεύς	a slayer
σφάγιον	a victim for sacrifice
σχῆμα (n), μορφή, εἶδος (n)	form, shape, appearance
σχίζω, κείρω	to cut, cleave
τάλας, ταλαίπωρος, τλήμων, ἄθλιος, δειλός, δύστηνος, μέλεος	poor, wretched, miserable
ταπεινός	humble
τέκμαρ, τεκμήριον	proof
τέρας (n), θαῦμα (n), σημεῖον	a portent, sign
τέρμα (n)	the end
τέρπω	to delight
adjs. τερπνός, προσφιλής	pleasant
noun τέρψις	delight
τεῦχος (n), κύτος (n)	an urn
τίκτω, φύω, γεννάω	to produce, beget, bring forth
nouns τέκνον, ἔκγονος, βρέφος (n)	a child
ἡ τίκτουσα or ἡ τεκοῦσα	mother
γονεύς, ὁ ἐκφύσας	father
τίνω	to repay, avenge
nouns τίσις, ποινή, τιμωρία	punishment, revenge
τραχύς	rough, harsh
τροφός, τιθήνη	a nurse
τροχός	a wheel
τυφλός	blind
τυμβεύω	to bury
nouns τύμβος, τάφος, σῆμα (n)	a grave, tomb
ὕβρις, φρόνημα (n), ὄγκος	pride, insolence

ὑπέρφρων	proud
ὑπερφυής, πελώριος	huge, monstrous
ὑπηρετέω, λατρεύω	to serve, benefit
nouns ὑπηρέτης, λάτρις, πρόσ-πολος, διάκονος, οἰκέτης, θεράπων, ὀπαδός	a servant, slave
ὑφαίνω	to weave
φάος (n), φῶς, φέγγος (n)	light
φάρμακον	a drug, poison
φάσμα (n), φάντασμα (n), εἴδωλον	a ghost, spectre
φεῦ, οἴμοι, ἰώ	alas!
φθορά, ὄλεθρος, ἄτη	ruin, destruction
φιλόφρων, εὐμενής	friendly
φλόξ-φλογός	fire
φονεύω	to murder, kill
nouns φονεύς, αὐτόχειρ, αὐθέντης	a murderer
φόνος, αἷμα (n)	bloodshed, blood
φόρτος, ἄχθος (n), βάρος (n)	a load, weight
φρήν also plural	the mind
note σπλάγχνα (n. pl) entrails, ἧπαρ (n) liver	used, as seats of the feelings, to mean 'anger'
φρέαρ-έατος	a well
φροῦδος εἶναι, οἴχομαι	to be gone, departed
χαῖρε	goodbye! hail!
χαλάω, ἀναπτύσσω	to open
χαλκός	brass
χαρά, χαρμονή	delight, pleasure
χεῖμα (n)	winter
χθών-ονός, γαῖα, οὖδας, αἷα	earth, land
χολόομαι, θυμόομαι, μηνίω	to be angry

nouns χολή, θυμός, μένος (n), μῆνις	anger
χρηστός	good
ψέγω	to blame
ψόφος	noise, din
ὠκύς, θοός, κραιπνός	swift
ὠχρός, χλωρός	pale

PART TWO

PROSE VOCABULARY

1. Where Greek has a cognate noun, adjective and verb, if one of these is given in the Vocabulary, the other two are usually given in brackets after it.

2. Some of the compound forms of verbs are omitted where the formation and meaning are obvious. Simple verbs are sometimes given where the compound is more common.

3. Cognate words are often listed together under a single word. Under ' archer ' will be found ' bow ', ' arrow ', ' shoot '. These words are not repeated in the Vocabulary.

4. Synonyms or near equivalents are often listed together and are not repeated, e.g. after ' confusion ' are added ' din ', ' uproar ', ' tumult '.

5. If the case which a verb governs is not given, then the construction of the verb in Greek is similar to the English.

6. Where the gender of a noun is governed by an obvious rule it is not usually marked, but all neuter nouns ending in -a and -os are indicated.

7. It is important for students to remember that the Greek equivalents given here might not always correctly translate the English word in a certain context: e.g. ' He " enjoyed " good fortune '. Neither of the words given for ' enjoy ' would be correct here, the Greek turn being ' He used good fortune '. A careful study of the Greek texts with the aid of the Lexicon is the only way to gain a clear idea of the various shades of meaning and of the correct usages and equivalents.

8. Adverbs, pronouns and prepositions to be found in any Grammar are not, as a rule, listed in this Vocabulary; also omitted are several hundreds of simple words to be found in most Elementary Greek Courses.

ABBREVIATIONS

a. = accusative (e.g. a. pers.,   adj. = adjective
    a. rei = accusative of   adv. = adverb
    person, accusative of   f. = feminine
    thing)   n. = neuter
g. = genitive   tr. = transitive
d. = dative   intr. = intransitive
    inf. = infinitive

abandon	λείπω, προδίδωμι, προίεμαι
abate (*intr.*)	λήγειν (of winds, etc.)
abide by	ἐμμένω d.
ability	σύνεσις, δεξιότης (-ητος) f.
to the best of one's ability	κατὰ δύναμιν
able, I am	δύναμαι, οἷός τέ εἰμι
able to	δυνατός, ἱκανός, οἷός τε
about to, I am	μέλλω (fut. inf.)
about (of numbers)	ὡς, μάλιστα
absent, I am	ἄπειμι
absolutely, altogether, quite	παντάπασι, ἀτεχνῶς, πάνυ, παντελῶς
absurd	γέλοιος, ἄτοπος
abuse (*verb*)	λοιδορέω
(*noun*)	λοιδορία
accomplish	ἐκτελέω, διαπράττομαι
accurate	ἀκριβής
accuse (= charge)	αἰτιάομαι (a. pers., g. rei)
	κατηγορέω (g. pers., a. rei)

accused, the	ὁ φεύγων
accuser, the	ὁ διώκων
accustomed, I am	εἴωθα
acquit	ἀπολύω
add	προστίθημι
address	προσαγορεύω, παρακελεύομαι d. (exhort)
admiral	ναύαρχος
admire, wonder, am surprised	θαυμάζω
admit, confess, acknowledge	ὁμολογέω
advantage	ὠφέλεια, τὸ σύμφερον
advantageous	ὠφέλιμος, σύμφορος, λυσιτελής
it is advantageous	συμφέρει d., λυσιτελεῖ d.
adversary	ἐναντίος, ἐχθρός
adverse	ἐναντίος, δυστυχής
advice	συμβουλή
advise	συμβουλεύω d., παραινέω d.
afraid, I am	φοβέομαι, δέδοικα
afternoon	δείλη
afterwards	ὕστερον
not long afterwards	οὐ διὰ μακροῦ, ὕστερον οὐ πολλῷ
ago, long	πάλαι
agreement	σύμβασις, συνθῆκαι
make an agreement	συμβαίνω d., συγχωρέω d.
aim at	ἐφίεμαι g., ὀρέγομαι g.
allow	ἐάω, ἐπιτρέπω d.
almost	σχεδόν, μόνον οὐ
alone	μόνος
also	καί
altar	βωμός
ambition	φιλοτιμία (φιλότιμος, φιλοτιμέομαι)
ambush	ἐνέδρα (ἐνεδρεύω)

A5

amount to (of numbers)	γίγνεσθαι
ancestor	πρόγονος
anchor (*tr.*)	ὁρμίζω
(*intr.*)	ὁρμίζομαι
lie at anchor	ὁρμέω
weigh anchor	αἴρω
ancient	παλαιός
anger	ὀργή
angry, I am	ὀργίζομαι d., ἀγανακτέω d.,
	δι᾽ ὀργῆς ἔχω a.
answer	ἀποκρίνομαι, ὑπολαμβάνω
anticipate	φθάνω
apart from	χωρίς g.
appear	δοκέω, φαίνομαι
(= come on the scene)	παραγίγνομαι
applaud	ἐπαινέω, ἀναθορυβέω
applause	ἔπαινος, θόρυβος
appoint	καθίστημι, αἱρέομαι
approach	προσχωρέω (with πρός or εἰς and a.)
archer	τοξότης
bow	τόξον
· arrow	τόξευμα n.
shoot	τοξεύω
arise	ἀνίσταμαι
(= happen)	γίγνεσθαι, ἐπιγίγνεσθαι
arm	ὁπλίζω, καθοπλίζω
armament	παρασκευή, στόλος (of ships)
armed, lightly	ψιλός
arouse, awaken	ἐγείρω
arrest	συλλαμβάνω
arrive	ἀφικνέομαι
arrogance	ὕβρις

arrogant	σεμνός, ὑβριστικός
art, craft	τέχνη
as	ὡς
as though	ὥσπερ
as ... as possible	ὡς with superlative
ashamed, I am	αἰσχύνομαι
ask (a question)	ἐρωτάω
(=request, ask for)	αἰτέω (a. pers., a rei)
assemble (*tr.*)	συλλέγω, συγκαλέω
(*intr.*)	συνέρχομαι
assembly	ἐκκλησία
hold an assembly	ἐκκλησίαν ποιέω (passive
	γίγνεσθαι)
assert strongly	διϊσχυρίζομαι
assign, allot	νέμω
associate, an	ἑταῖρος
with	ὁμιλέω d., συγγίγνομαι d.
attack, charge (*verb*)	προσβάλλω d., ἐπιτίθεμαι d.,
	ἐμπίπτω d.
(*noun*)	προσβολή
attempt (*verb*)	πειράομαι, ἐπιχειρέω d.
(*noun*)	πεῖρα
attend to (business, etc.)	(τὸν νοῦν) προσέχω d.
authority, prestige	ἀξίωμα n.
authorities, the	οἱ ἐν τέλει
avail myself of	χράομαι d., ἀποχράομαι d.
avenge	τιμωρέω (d. of person avenged, a.
	of person punished)
myself on	τιμωρέομαι a.
avoid, flee from	φεύγω a.
awake (*tr.*)	ἐγείρω
(*intr.*)	ἐγείρομαι

band, company	λόχος
banish	ἐκβάλλω (passive ἐκπίπτω)
barricade, block up	φράττω, ἐμφράττω
base, disgraceful	αἰσχρός
battle (by sea)	ναυμαχία (ναυμαχέω)
(by land)	μάχη, πεζομαχία (πεζομαχέω)
bay, gulf	κόλπος
bear, endure	φέρω, ὑπομένω
beast	ζῷον, θηρίον
of burden	ὑποζύγιον
becoming, fitting	εὐπρεπής
it is becoming	πρέπει d., προσήκει d.
befall, to	συμβαίνειν, γίγνεσθαι, τυγχάνειν
before	πρότερον (adv.), πρίν (conj.),
	πρό (prep.)
the day before	ἡ προτεραία
beg	αἰτέω, παραιτέομαι (both take a.
	pers., a rei)
begin	ἄρχομαι (g. or participle)
beginning	ἀρχή
behind	ὄπισθεν g.
behold	θεάομαι
benefit (verb)	εὐεργετέω
(noun)	εὐεργεσία (εὐεργέτης benefactor)
bequeath	παραδίδωμι
besiege	πολιορκέω
betray	προδίδωμι
traitor	προδότης
treachery	προδοσία
beware	φυλάττομαι, εὐλαβέομαι
bind	δέω
bird	ὄρνις (-νιθος)

birth, race	γένος n.
of noble birth	εὐγενής
blame	αἰτιάομαι (a. pers., g. rei)
	μέμφομαι (d. pers., a. rei)
	ἐν αἰτίᾳ ἔχω a.
I am to blame	αἴτιός εἰμι
blind	τυφλός
blockade	ἐφορμέω d.
blood	αἷμα n.
blush	ἐρυθριάω
boast	κομπάζω
bold	τολμηρός, θρασύς
boldness	τόλμα, θράσος n.
bond	δεσμός
booty	λεία
borrow	δανείζομαι
boundary	ὅρος
bread	ἄρτος
breadth	εὖρος n.
break	ῥήγνυμι
a treaty	λύω, παραβαίνω
battle line	παραρρήγνυμι
naval line	διεκπλέω (noun διέκπλους)
breakfast (noun)	ἄριστον
(verb)	ἀριστοποιέομαι
bribe (noun)	δῶρον
(verb)	δώροις πείθω (passive δωροδοκέω, διαφθείρομαι)
bring (things)	φέρω, κομίζω
(persons)	ἄγω
back from exile	κατάγω
up (=to rear)	τρέφω, παιδεύω

across (e.g. a river)	διαβιβάζω
build	οἰκοδομέω
a ship	ναυπηγέω, κατασκευάζω
building	οἰκοδόμημα n.
burn (*tr.*)	καίω
(*intr.*)	καίομαι
bury	κατορύττω, (of the dead) θάπτω
busy with, I am	σπουδάζω περί a.
buy	ὠνέομαι

call	καλέω
together	συγκαλέω (collect)
calm (*noun*)	γαλήνη
(*verb*)	πραΰνω (soothe)
capable of	ἱκανός (with infinitive)
captain	λοχαγός
(of a ship)	ναύκληρος, τριήραρχος
captive	αἰχμάλωτος
capture	αἱρέω
captured, I am	ἁλίσκομαι
care about	μέλει (d. pers., g. rei), ἐπιμελέομαι or ἐπιμέλομαι g.
take care of	ἐπιμελέομαι or ἐπιμέλομαι g.
take care that	φυλάττομαι, ἐπιμελέομαι (each + ὅπως and fut. indic.)
careful, cautious	εὐλαβής, ἐπιμελής
I am careful	εὐλαβέομαι
careless	ἀμελής
I am careless	ἀμελέω
carelessness	ἀμέλεια
cause of	αἴτιος (adj.)
cavalry	ἱππῆς (singular ἱππεύς)

censure	ἐπιτιμάω d., ψέγω, ἐπαιτιάομαι
centre	μέσον
certain	σαφής
a certain	τις
I am certain	σαφῶς οἶδα
certainly	πάνυ γε (in answers)
chance (noun)	τύχη, καιρός (=opportunity)
(verb)	τυγχάνω, συμβαίνω
change (noun)	μεταβολή
(verb)	μεταβάλλω (tr. and intr.)
one's mind	μεταγιγνώσκω, μετανοέω
character	τρόπος, ἦθος n. or use ποῖος
charge (verb)	ἐγκαλέω (τινί τι) see accuse
(noun)	αἰτία, ἔγκλημα n.
cheat	φενακίζω, ἐξαπατάω
cheer (up) (tr.)	θαρσύνω
(intr.)	θαρσέω
choose	αἱρέομαι (and compounds), ἐκλέγω
circumstances, in the	τούτων οὕτως ἐχόντων, ὡς ἐκ τῶν παρόντων
claim	ἀξιόω or use οἶμαι δεῖν
cliff	κρημνός
climb	ἀναβαίνω, ὑπερβαίνω
cling to	ἔχομαι g., ἀντέχομαι g.
clothe	ἀμφιέννυμι (τινά τι)
clothes	ἐσθής (-ητος) f.
cloud	νεφέλη, νέφος n.
coast, shore	ἀκτή, αἰγιαλός
coast along	παραπλέω
cold (noun)	ψῦχος n.
(adj.)	ψυχρός
collect	συλλέγω, ἀθροίζω, ἀγείρω

colonist	ἄποικος
colony	ἀποικία
found a colony	κατοικίζω (=colonize, a. of the place)
come	ἔρχομαι
I am come	ἥκω
on the scene	παραγίγνομαι
to the help of	βοηθέω d.
home from exile	κατέρχομαι
forward to speak	παρέρχομαι
on (=ensue)	ἐπιγίγνεσθαι
command (=order) (verb)	κελεύω, προστάττω d.
I am in command	ἡγέομαι g., ἡγεμονεύω g., ἄρχω g., ἐφέστηκα d.
(noun)	ἀρχή, ἡγεμονία
commander	στρατηγός, ἄρχων, ἡγεμών
company	see band
compare	εἰκάζω
compel	ἀναγκάζω
complain	ἀγανακτέω, σχετλιάζω, δεινὸν ποιέομαι
complete	ἐκτελέω, ἐξεργάζομαι
conceal, hide	κρύπτω
concerned, as far as I am	τὸ ἐπ' ἐμέ
condemn	καταγιγνώσκω, κατακρίνω (both g. pers., a. rei)
condition that, on	ἐφ' ᾧτε
condition, I am in a good (bad)	εὖ (κακῶς) διάκειμαι
confess	see admit
confidence	θάρσος n.
regain confidence	ἀναθαρσέω
confident	θαρσαλέος, θρασύς

I am confident	θαρσέω
conflict, contest, struggle	ἀγών
confusion (din, tumult, uproar)	θόρυβος, κραυγή, ταραχή
confuse (dismay)	ταράττω, ἐκπλήττω
consider (=think)	νομίζω
(=ponder, examine)	σκοπέω, ἐννοέω, ἐνθυμέομαι, φροντίζω
(=deliberate)	βουλεύομαι
conspiracy	συνωμοσία
conspirator	συνωμότης
conspire	συνόμνυμι
consternation	ἔκπληξις
consult	συμβουλεύομαι d.
an oracle	χράομαι d.
continent, mainland	ἤπειρος f.
continue	διατελέω (with participle)
continuous	συνεχής
converse with	διαλέγομαι d.
convict	ἐλέγχω, καταγιγνώσκω g.
corpse	νεκρός
corrupt	διαφθείρω (see destroy)
costly	πολυτελής
councillor	βουλευτής
courage, have	θαρσέω, εὐθυμέω
regain courage	ἀναθαρσέω
court (of law)	δικαστήριον
cowardly, I am	μαλακίζομαι
cross a mountain	ὑπερβαίνω
a river, etc.	διαβαίνω
the sea	passive of περαιόω
crowd	ὄχλος
crowded, in crowds	ἀθρόος

crown	στέφανος
cruel	ὠμός, ἄγριος
custom	ἔθος n.
contrary to (according to) custom	παρὰ (κατὰ) τὸ εἰωθός
cut	τέμνω, κόπτω
off	ἀποκόπτω
(=intercept)	ἀπολαμβάνω
daring (*adj.*)	θρασύς, τολμηρός
(*noun*)	θάρσος (n) or θράσος (n), τόλμα
dark	σκοτεινός
it grows dark	συσκοτάζει
darkness	σκότος
day	ἡμέρα
by day (=daily)	καθ᾽ ἡμέραν
before	προτεραία
after	ὑστεραία
on the same day	αὐθήμερον
one day (=once)	ποτέ
dear	φίλος
deceit	ἀπάτη
deceive	(ἐξ)απατάω
decide (a question or argument)	διακρίνομαι
(=determine, resolve)	βουλεύομαι (or δοκεῖ d. and inf.)
declare, assert	φημί
vehemently	διϊσχυρίζομαι
war	πόλεμον καταγγέλλω d., εἰς πόλεμον καθίσταμαι
decree (*noun*) of the Assembly	ψήφισμα n.
of the Council	προβούλευμα n.
deep	βαθύς

defeat (*noun*)	ἧττα
defeated, I am	ἡττάομαι
defence (legal)	ἀπολογία
I make my defence	ἀπολογέομαι
delay (*tr.*)	κωλύω, παύω
(*intr.*)	μέλλω, ἐπέχω
deliberate	βουλεύομαι
delight, please	ἀρέσκω d.
delighted, I am	ἥδομαι, χαίρω
demand, claim	ἀξιόω (with inf.), αἰτέω
deny	ἀπαρνέομαι
depart	ἀπέρχομαι
dependent	ὑπήκοος
deprive	ἀποστερέω (τινά τινος), ἀφαιρέω (τινά ˌτι)
descendant	ἔκγονος
desert (*noun*)	ἡ ἔρημος
(*verb, tr.*)	ἀπολείπω
(*verb, intr.*)	αὐτομολέω
deserve	ἄξιός εἰμι (g. or inf.)
desire	ἐπιθυμέω (g. or inf.), ὀρέγομαι g., ποθέω g.
despair (*noun*)	ἀθυμία
(*verb*)	ἀθυμέω
despondent, disheartened	ἄθυμος
despise	καταφρονέω g., ὀλιγωρέω g.
despatch	πέμπω, ἀποστέλλω
destroy	διαφθείρω, ἀπόλλυμι
(=pull down walls etc.)	καθαιρέω
devise, contrive	μηχανάομαι
die	τελευτάω, ἀποθνήσκω (I am killed)
difficulty, I am in	ἀπορέω, ἀμηχανέω, ἐν ἀπορίᾳ εἶναι

with difficulty	μόλις, μόγις
dig	ὀρύσσω
dinner	δεῖπνον (δειπνέω)
directions, in all	πανταχόσε
from all directions	πανταχόθεν
disappointed, I am	ψεύδομαι g., σφάλλομαι g.
discipline	εὐταξία (εὔτακτος, εὐτακτέω)
disclose (reveal)	μηνύω
discontented, I am	δυσχεραίνω (adjs. δύσκολος, δυσχερής)
discover, find out	εὑρίσκω, γιγνώσκω
disembark (tr.)	ἐκβιβάζω
(intr.)	ἀποβαίνω ἐκ
dismay (verb)	ἐκπλήττω
(noun)	ἔκπληξις
dismiss	ἀφίημι
disobey	ἀπειθέω d.
disobedient	ἀπειθής
disorder	ἀταξία (ἄτακτος, ἀτακτέω)
display	ἀποδείκνυμι, ἐπιδείκνυμαι (=show off)
displeased, I am	ἄχθομαι d., δυσχεραίνω (d. or g. rei)
disposed, I am	διάκειμαι or φρονέω with adv.
disposition	διάνοια
dispute, quarrel	ἀμφισβητέω (τινὶ περί τινος), δια-φέρομαι d., ἐρίζω (τινὶ περί τινος)
distance, at a	διὰ πολλοῦ
from a distance	πόρρωθεν
distant, I am	ἀπέχω (ἀπό and g.)
distress (noun)	ἀπορία, λύπη (grief), ταλαιπωρία

I am in distress	ἀπορέω, λυπέομαι, ταλαιπωρέω (or passive)
disturb	ταράττω
ditch, trench	τάφρος f.
doctor	ἰατρός
dog	κύων (g. κυνός)
double	διπλοῦς
doubt, disbelieve	ἀπιστέω d.
drag	ἕλκω
dread (*verb*)	φοβέομαι, ὀρρωδέω
dream, in a	ὄναρ
drink	πίνω
drive, ride	ἐλαύνω
duty	τὸ προσῆκον, τὰ δέοντα
it is one's duty	χρή τινα, προσήκει τινί
dwell in	οἰκέω ἐν, ἐνοικέω ἐν
each (of two)	ἑκάτερος
(of more than two)	ἕκαστος
other	ἀλλήλους, etc.
time	ἑκάστοτε
eager	πρόθυμος
I am eager	προθυμέομαι, σπουδάζω
eagerness	προθυμία, σπουδή
early	πρῴ
earnest	σπουδαῖος
eat	ἐσθίω
either . . . or	ἤ . . . ἤ
elated	ἐπηρμένος (ἐπαίρειν)
elder	πρεσβύτερος
elect (= choose)	αἱρέομαι
(= by vote)	χειροτονέω

eloquent	δεινὸς λέγειν
else	ἄλλος
or else	εἰ δὲ μή
elsewhere	ἄλλοθι (ἄλλοσε movement to)
elude	λανθάνω
embark (tr.)	ἐμβιβάζω
(intr.)	ἐμβαίνω εἰς
embassy	πρεσβεία
empire	ἀρχή
empty	κενός, ἔρημος
encourage	θαρσύνω, παρακελεύομαι d., παρα- μυθέομαι
end (noun)	τέλος n. τελευτή
(verb, tr.)	παύω, ἐκτελέω, τελευτάω (also intr.)
a war, treaty, etc.	καταλύω
endure (tr.)	ὑπομένω
(intr.)	καρτερέω, ἀνέχομαι (with parti- ciple), ἀντέχω
enemy	πολέμιος (public), ἐχθρός (personal)
engage (an enemy)	συμμίγνυμι d.
engaged on, I am	σπουδάζω or εἰμί περί and a.
enjoy	ἀπολαύω g. ἥδομαι d.
ensue, come on	ἐπιγίγνομαι
enter	εἰσέρχομαι (εἰς)
entrust	ἐπιτρέπω τι τινί
envy (verb)	ζηλόω (a. pers., g. rei)
(noun)	φθόνος
equal	ἴσος, ἰσόρροπος (indecisive)
equip	παρασκευάζομαι, κατασκευάζω, ἐξαρτύομαι (a fleet)
err	ἁμαρτάνω

especially	μάλιστα, ἄλλως τε καί
establish	καθίστημι
established, to be	ὑπάρχειν, καθεστάναι
esteem (noun)	ἀξίωμα n.
highly, consider important	περὶ πολλοῦ ποιέομαι
even (adv.)	καί, not even οὐδέ
every day, daily	καθ᾽ ἡμέραν
kind of	παντοῖος
everywhere	πανταχοῦ (πανταχόσε, πανταχόθεν)
evidence	μαρτυρία, τεκμήριον (=proof)
I give evidence	μαρτυρέω
evident, clear, manifest	δῆλος, φανερός, σαφής
exact, accurate	ἀκριβής
exact a penalty, inflict punishment	δίκην λαμβάνω παρά g.
examine	ἐλέγχω, ἐξετάζω, σκοπέω (an argument)
exceedingly	σφόδρα, μάλα
excel	διαφέρω g., περιγίγνομαι g.
excellence	ἀρετή
excellent	ἄριστος, σπουδαῖος, χρηστός (often ironic)
excessively, too much	λίαν, ἄγαν
exchange	ἀνταλλάττομαί τι τινος
excite	ταράττω
excuse	πρόφασις
make an excuse	προφασίζομαι
exhausted	ἀπειρηκώς (-κότος)
I am exhausted	ἀποκάμνω, ταλαιπωρέομαι (or active)
exhaustion	ταλαιπωρία
exhort (advise)	παρακελεύομαι d., παραινέω d.

expect	προσδοκάω
(= claim, require)	ἀξιόω
expedient, it is	συμφέρει d.
expedition	στρατεία
make an expedition	στρατεύομαι
expense	δαπάνη, ἀνάλωμα n.
experience (*noun*)	ἐμπειρία
experienced	ἔμπειρος, ἐπιστήμων (skilled in + g.)
explain	ἐξηγέομαι
extreme	ἔσχατος
fact, in	τῷ ὄντι
faction	στάσις
fail	σφάλλομαι, ἐλλείπειν (= to run short, give out)
fainthearted	μαλακός (μαλθακός)
I am fainthearted	μαλακίζομαι
faithless	ἄπιστος
faithlessness	ἀπιστία
fall	πίπτω
upon (= attack)	ἐμπίπτω d., ἐπιτίθεμαι d.
in with (= meet)	ἐντυγχάνω d.
back (= yield ground)	ὑποχωρέω
asleep	καταδαρθάνω (καθεύδω I am asleep)
fame	δόξα, κλέος n.
famine	λιμός
famous	λαμπρός, γνώριμος, ἔνδοξος, εὐδόκιμος
far	πόρρω, ἐπὶ πολύ, πολλῷ (with comparatives)
and wide	πανταχῇ
as far as	μέχρι g.

from far	πόρρωθεν
farther	πορρωτέρω
farewell	χαῖρε (plural χαίρετε)
bid farewell	χαίρειν λέγω
farmer	γεωργός
fast	ταχύς
fasten	πήγνυμι, δέω
fate	τύχη, τὸ μέλλον
favour, gratitude	χάρις (-ιτος)
show favour	χαρίζομαι d.
favourable	καλός, φίλιος, εὔνους, καίριος, ἐπιτήδειος
fearless	ἄφοβος, ἀδεής
feast	ἑορτή (festival), δεῖπνον, συμπόσιον (drinking-feast)
feed (tr.)	τρέφω
(intr.)	νέμεσθαι (of cattle, etc.)
feel annoyed	λυπέομαι, ἀγανακτέω
ashamed	αἰσχύνομαι
friendly to	εὐνοϊκῶς διάκειμαι πρός
grateful	χάριν ἔχω or οἶδα
indignant	δεινὸν ποιέομαι
proud of	σεμνύνομαι ἐπί d., ἀγάλλομαι d. (delight in)
well	εὖ or καλῶς ἔχω
fellow-	use συν in compound where possible, e.g. συστράτηγος
fence off, block up	ἐμφράττω, ἀποσταυρόω (with a palisade), ἀποτειχίζω (with a wall)
field	ἀγρός
fight	μάχομαι d.
by land	πεζομαχέω (noun πεζομαχία)

A6

by sea	ναυμαχέω (noun ναυμαχία)
to the last	διαμάχομαι
on the side of	συμμάχομαι d., συμπολεμέω d.
fill	πίμπλημι, πληρόω (' man ' a ship)
find (= discover)	εὑρίσκω
(= learn by enquiry)	πυνθάνομαι
(= come upon, surprise)	καταλαμβάνω
(= by perception or observing)	γιγνώσκω
finish	*see* end
fire (*noun*)	πῦρ n.
set on fire	ἅπτω, ἐμπίπρημι
I am on fire	καίομαι
first	adj. πρῶτος, adv. πρῶτον
at first	τὸ πρῶτον
fix, make fast	πήγνυμι
flank	κέρας n.
on the flank	κατὰ κέρας, ἐκ πλαγίου
flanks	τὰ πλάγια
flat, level	πλατύς, ὁμαλός
flatter (*verb*)	κολακεύω
flight (*noun*)	φυγή
I put to flight	τρέπω, ἐς φυγὴν καθίστημι
I take to flight	ἐς φυγὴν καθίσταμαι
I took to flight	ἐς φυγὴν κατέστην, ἐτραπόμην
flourish	εὐτυχέω, εὖ πράττω
flow	ῥέω (in compounds)
fly (in the air)	πέτομαι
follow	ἕπομαι d., ἀκολουθέω d.
following day, the	ἡ ὑστεραία
followers	οἱ ἀμφί (περί) τινα
folly	μωρία, ἄνοια

foot, on	πεζῇ
set foot on	ἐπιβαίνω g.
forage	ἐπισιτίζομαι
forbid	οὐκ ἐάω, ἀπαγορεύω d.
force (noun)	βία
by force	βίᾳ, κατὰ κράτος
in full force	πανστρατιᾷ, πανδήμει
(=army)	στρατιά, παρασκευή
(verb)	ἀναγκάζω (compel), βιάζομαι (a. rei)
a way in	βιάζομαι εἰς
foreign	βάρβαρος, ξενικός
forget	ἐπιλανθάνομαι g.
former	πρότερος, ἐκεῖνος
formidable	φοβερός
fortress, fortification	τείχισμα n., ἔρυμα n.
fortune	τύχη
good fortune	εὐτυχία (εὐτυχής, εὐτυχέω)
bad fortune	ἀτυχία (ἀτυχής, ἀτυχέω)
found (a colony)	κτίζω (see colony)
fountain, spring, well	κρήνη, πηγή
fraud, guile	δόλος, ἀπάτη
freely, speak	παρρησιάζομαι (noun παρρησία)
friendly	φίλιος, εὔνους
friendship	φιλία, (διὰ φιλίας ἰέναι d. be on friendly terms with)
frighten, terrify	φοβέω, ἐκπλήσσω
front, in	(ἐκ τοῦ) ἔμπροσθεν
fruit	καρπός (καρπόομαι enjoy the fruits of a.)
furlong	στάδιον
furnish	see provide

future, the	τὸ μέλλον
for the future	τὸ λοιπόν
gain (*noun*)	κέρδος n.
(*verb*)	κτάομαι, κερδαίνω, πλεονεκτέω
	(gain an advantage over g. pers.)
garden	κῆπος
garrison	φρούριον, φρουροί, φρουρά
gaze at	θεάομαι, προσβλέπω
general, I am	στρατηγέω
in general	ὅλως, ὡς ἐπὶ τὸ πολύ
generous	γενναῖος, ἐλευθέριος
generous disposition	γενναῖος τρόπος, τὸ εὐνοϊκῶς διακεῖσθαι
gentle	πρᾶος, μέτριος
gentleman	καλὸς κἀγαθός
get	λαμβάνω, δέχομαι, κτάομαι, τυγχάνω g.
rid of	ἀπαλλάττομαι g.
the better of	πλέον ἔχω g.
the worst of it	ἐλαττόομαι (d. rei)
up	ἀνίσταμαι
back, recover	ἀναλαμβάνω
give	δίδωμι
back	ἀποδίδωμι
ground	ὑποχωρέω
in, yield	ἐνδίδωμι (intr.)
a share of	μεταδίδωμι (d. pers., g. rei)
a signal	σημαίνω
glad	ἄσμενος
I am glad	ἥδομαι, χαίρω

glorious	καλός, λαμπρός
go	ἔρχομαι
up	ἀναβαίνω
down	καταβαίνω
over to, join	προσχωρέω d.
forward	προχωρέω
gold	χρυσός (adj. χρυσοῦς)
gone, to be	οἴχεσθαι
good-day	χαῖρε
good time, in	ἐν καιρῷ
goodwill	εὔνοια
good-repute	εὐδοξία (εὐδόκιμος, εὐδοκιμέω)
government	ἀρχή, οἱ ἐν τέλει
gracious	εὐμενής
grain	σῖτος
grapple with	ὁμόσε ἰέναι d. (of persons),
	ἀντιλαμβάνομαι g. (of things)
grateful, I am	χάριν ἔχω or οἶδα
greatly	πολύ, σφόδρα
greet, welcome	ἀσπάζομαι
grief	λύπη, πένθος n. (mourning), ἄλγος n.
grieve (tr.)	λυπέω
(intr.)	λυπέομαι, ἀλγέω, ἀγανακτέω
grievous	δεινός, βαρύς
ground, on the	χαμαί
to the ground	χαμαί, χαμᾶζε
stand my ground	ὑπομένω, ἀντέχω
give ground	ὑποχωρέω
arms	ὅπλα τίθεμαι
grow, increase (intr.)	αὐξάνομαι
guard the rear	ὀπισθοφυλακέω (rearguard
	ὀπισθοφύλακες, οἱ ὄπισθεν)

guard, I am on my	φυλάττομαι
keep guard	φρουρέω
off one's guard	ἀφύλακτος, ἀπροσδόκητος
guest	ξένος
guide (verb)	ἡγέομαι d.
guile	δόλος
guilty	αἴτιος
guilty of, I am	ὀφλισκάνω a.

half	ἥμισυς (e.g. τὸ ἥμισυ τεῖχος)
halt, rest	ἀναπαύομαι
hand over, surrender	παραδίδωμι
fight hand to hand	ἐς χεῖρας ἔρχομαι
fall into the hands of	ὑποχείριος γίγνομαι d.
take in hand, undertake	ἀντιλαμβάνομαι g., ἐπιχειρέω d.
happen (= take place)	γίγνεσθαι
happen to	τυγχάνω (with participle)
happens, it	συμβαίνει
happy	εὐδαίμων (εὐδαιμονέω, εὐδαιμονία)
harass	ἐγκεῖμαι d., ταράττω
hardship	πόνος, ταλαιπωρία
suffer hardship	ταλαιπωρέω (or passive)
harm, hurt, injure	βλάπτω, ἀδικέω, κακὰ ποιέω (a. pers.)
hasten, hurry	σπεύδω (tr. and intr.), ἐπείγομαι (intr.)
hate (verb)	μισέω
I am hated by	ἀπεχθάνομαι d.
hatred	ἀπέχθεια, ἔχθος n., μῖσος n.
headland, promontory	ἄκρα, ἀκρωτήριον
hear, listen to	ἀκούω (a. rei, g. pers.), ἀκροάομαι g.

heart	καρδία
(= temper, disposition)	διάνοια
heavy	βαρύς
-armed soldier	ὁπλίτης
heed, take	εὐλαβέομαι
height	ὕψος n.
heights, the	τὰ ἄκρα
helmsman, pilot	κυβερνήτης
help (verb)	ὠφελέω a., βοηθέω d., ἐπικουρέω d.
(noun)	ὠφέλεια, βοήθεια, ἐπικουρία
helpless, I am	ἀμηχανέω, ἀπορέω
hem in	περικλείω
here	ἐνθάδε, αὐτοῦ
(= hither)	δεῦρο
from here, hence	ἐνθένδε
hesitate	ὀκνέω, ἀποκνέω
hide (tr.)	κρύπτω, ἀποκρύπτω (τί τινα)
(intr.)	κρύπτω in passive or with reflexive
highly, value	περὶ πολλοῦ ποιέομαι
hill	λόφος, ὄρος n.
hinder, prevent	κωλύω, εἴργω
what is to hinder?	τί ἐμποδών ἐστιν;
there is nothing to hinder	οὐδὲν ἐμποδών ἐστιν
hire, pay (noun)	μισθός
(verb)	μισθόομαι
historian	συγγραφεύς
history of, write the	συγγράφω τά with g.
hold	ἔχω, κατέχω, ἔχομαι g. (cling to), ἀντέχομαι g.
out, endure	ἀντέχω, ἀνθίσταμαι
holy	ὅσιος, ἱερός
home	οἶκος

at home	οἴκοι
from home	οἴκοθεν
to home	οἴκαδε
I am at home	ἐπιδημέω
I am away from home	ἀποδημέω
homewards	ἐπ᾽ οἴκου
honest	δίκαιος, χρηστός, ἐπιεικής
honourable	καλός, ἔντιμος
hope (*verb*)	ἐλπίζω
hope that, in the	ἐάν πως with subj. εἴ πως with optat.
hopeful	εὔελπις
hopeless	ἀνέλπιστος
horn, wing of an army	κέρας n.
horror	ὀρρωδία, ἔκπληξις
hostage	ὅμηρος
hour, season	ὥρα
how?	πῶς; ὅπως
how (*followed by adj. or adv.*)	ὡς
great?	πόσος; ὁπόσος
many?	πόσοι; ὁπόσοι
long? (*of time*)	πόσον χρόνον;
however that may be	δ᾽ οὖν
humble	ταπεινός
humour, gratify	χαρίζομαι d.
hunger	λιμός
hungry, I am	πεινάω
hurl	βάλλω, ῥίπτω
husbandman, farmer	γεωργός
idle, inactive, lazy	ῥᾴθυμος, ἀργός
I am idle	ῥᾳθυμέω, ἀργέω (ῥᾳθυμία, ἀργία)

ignorance	ἄγνοια, ἀμαθία
ignorant	ἀμαθής
I am ignorant	ἀγνοέω
ill	ἀσθενής
I am ill	νοσέω, ἀσθενέω, κάμνω
I speak ill	κακὰ (κακῶς) λέγω (a. person)
I take it ill	χαλεπῶς φέρω, δεινὸν ποιέομαι
-fated	δυστυχής
-tempered	δύσκολος
-treated, I am	κακὰ (κακῶς) πάσχω
-will	κακόνοια, ἀπέχθεια
image	εἰκών (όνος) f.
imagine, suppose	οἴομαι, ὑπολαμβάνω
immediately	εὐθύς, παραυτίκα, παραχρῆμα
immortal	ἀθάνατος
impassible	ἀδιάβατος
impious, I am	ἀσεβέω (ἀσεβής, ἀσέβεια)
important (interesting, note-worthy)	ἀξιόλογος
(= useful, profitable)	προὔργου (Comp. προὐργιαίτερος, Sup. προὐργιαίτατος)
consider important	περὶ πολλοῦ ποιέομαι (cf. περὶ οὐδένος or παρ' οὐδὲν ποιέομαι)
impossible	ἀδύνατος
imprison	εἴργω, καταδέω
imprudent	ἀνόητος, ἄσκεπτος, ἀπερίσκεπτος
inasmuch as	ἄτε (with participle)
incapable of	οὐχ οἷός τε (with infinitive)
increase (tr.)	αὐξάνω
(intr.)	αὐξάνω in passive
incredible	ἄπιστος (also = incredulous)

incur a charge of	ὀφλισκάνω a.
indecisive	ἰσόρροπος, ἀντίπαλος
independent	αὐτόνομος
indicate	σημαίνω, δείκνυμι
indict	γράφομαι (a. pers., g. rei)
indictment	γραφή
indignant, I am	δεινὸν ποιέομαι, χαλεπῶς φέρω, ἀγανακτέω d.
indulge in	χράομαι d.
inexorable, implacable	ἀπαραίτητος
inexperience	ἀπειρία (ἄπειρος)
infamous	μιαρός, βδελυρός
infantry, the	οἱ πεζοί
light infantry	πελτασταί
heavy infantry	ὁπλῖται
infer, conjecture	τεκμαίρομαι
inferior	ἥττων, χείρων
to, I am	ἡττάομαι g. (cf. ἡττάομαι ὑπό g. I am conquered by)
inflict a penalty	δίκην λαμβάνω παρά g.
injury, wrong	ἀδικέω a.
influence (noun)	δύναμις, ῥοπή
have influence	μέγα δύναμαι (ἐν)
(verb)	πείθω
influential	δυνατός, πιθανός (persuasive)
inform	ἀγγέλλω, μηνύω (a. rei, d. pers.)
inhabit, dwell in	οἰκέω (tr. and intr.) ἐνοικέω (ἐν)
inhabitants, the	οἱ ἔνοικοι, οἱ ἐνοικοῦντες
injustice, injury, wrong	ἀδικία (ἀδικέω, ἄδικος)
innocent	ἀναίτιος
innovation, revolution	νεωτερισμός
make an innovation	νεωτερίζω

innumerable	ἀναρίθμητος
inopportune	ἄκαιρος
insist	ἰσχυρίζομαι (with participle = persist)
insolence	ὕβρις, ἀσέλγεια (wanton violence)
insolent	ὑβριστικός, ἀσελγής (wanton)
inspect, scrutinize, examine	ἐξετάζω (noun ἐξέτασις)
instead of (*with participle*)	οὐχ ὅπως ... ἀλλὰ καί (ἀλλ᾽ οὐδέ), ἀντὶ τοῦ with inf.
instruct (order)	κελεύω, προστάττω d.
(teach)	διδάσκω (a. rei, a. pers.)
instructions, according to	κατὰ τὰ εἰρημένα
insult, abuse	ὑβρίζω, προπηλακίζω, λοιδορέω
intelligent	συνετός, φρόνιμος
intend	ἐν νῷ ἔχω, μέλλω, διανοέομαι
intentionally	ἑκών
intercept	ἀπολαμβάνω
interest in, take an	μέλει μοι (g. rei)
interests, the common	τὰ κοινά, τὰ πᾶσι συμφέροντα
interior (*noun*)	μεσόγεια
interrupt	ὑπολαμβάνω
intimate, friendly	ἐπιτήδειος, οἰκεῖος
intolerable	οὐκ ἀνεκτός
intrigue with, negotiate with	πράττω πρός (a. pers.)
invent	εὑρίσκω, πλάττω (=fabricate)
invincible	ἀήσσητος
invite	παρακαλέω (or middle)
involuntarily	ἄκων
irrevocable, incurable	ἀνήκεστος
javelin	ἀκόντιον (ἀκοντιστής, ἀκοντίζω)
jealousy	φθόνος

jealous of, I am   φθονέω (d. pers., g. rei)
jest (*verb*)   παίζω, σκώπτω
join (*tr.*)   συνάπτω, ζεύγνυμι
    (*intr.*)   προσχωρέω d.
  battle   μάχην συνάπτω πρός a., ἐς χεῖρας
                              ἔρχομαι d.
joy   χαρά (χαίρω)
joyous   περιχαρής
judge (*noun*)   κριτής (presiding judge), δικαστής
                              (ordinary judge, juror), βραβεύς
                              (of games, umpire)
        (*verb*)   κρίνω, δικάζω, τεκμαίρομαι (=infer)
judgment, opinion, belief, pur- γνώμη
    pose
jury   οἱ δικασταί
just now, recently   ἄρτι

keep   ἔχω, φυλάττω, τηρέω
  safe   σώζομαι
  the peace   εἰρήνην ἄγω
  my word   τῇ πίστει ἐμμένω
  quiet   ἡσυχάζω
  from, refrain from   ἀπέχομαι with g. or with μή
                              and Inf.
kind (*adj.*)   εὔνους, εὐμενής, ἤπιος
  of that kind   τοιοῦτος
  of what kind?   ποῖος;
kingdom   ἀρχή
kinsman   συγγενής, οἰκεῖος
knee   γόνυ (γόνατος) n.
know   οἶδα, ἔγνωκα
  how to   οἶδα or ἐπίσταμαι with Inf.

knowledge, understanding	ἐπιστήμη
known, well	γνώριμος (see famous)
labour	πόνος (πονέω)
lack, scarcity, need (noun)	ἀπορία, ἔνδεια
(verb)	ἀπορέω g., ἐνδέω g., δέω cf.
	πολλοῦ δέω τοῦτο εἰπεῖν
	I am far from saying this:
	δεῖ μοι βίβλου I need a book
laden, to be	γέμειν g. (of a ship)
lade, load	γεμίζω g. (of a ship)
lament, mourn for	ὀδύρομαι, ὀλοφύρομαι, κλαίω
(noun)	ὀλοφυρμός
language, tongue	γλῶττα
last (adj.)	ὕστατος
at last	(τὸ) τέλος
fight to the last	διαμάχομαι
lasting	βέβαιος
late (adv.)	ὀψέ
lately	ἄρτι, ἀρτίως, πρώην (but πρῴ
	= early)
laugh	γελάω
at	καταγελάω (g. pers.)
laughter	γέλως (-ωτος) m.
launch	καθέλκω (of ships)
law court	δικαστήριον
lawful	ἔννομος
lawgiver	νομοθέτης (cf. νόμον τίθεμαι make
	a law)
lawsuit	δίκη
lay claim to	ἀντιποιέομαι g.
siege to	πολιορκέω

down	παραδίδωμι (arms), ἐξίσταμαι g. (office)
waste	δηόω, τέμνω
lazy	ῥᾴθυμος, ἀργός
lead	ἡγέομαι g. (I am the leader of), ἡγέομαι d. (I go before, guide), ἡγεμονεύω g.
leadership	ἡγεμονία
leading men, the ·	οἱ προεστῶτες
learn	μανθάνω
(= ascertain, find out)	πυνθάνομαι, γιγνώσκω
leave behind	καταλείπω
left hand	ἡ ἀριστερά (χείρ)
wing	τὸ εὐώνυμον (κέρας)
leisure	σχολή (σχολῇ = at leisure, scarcely)
lend	δανείζω (middle = borrow)
length	μῆκος n.
at length	τὸ τέλος
let, allow	ἐάω, ἐπιτρέπω d., περιοράω, e.g. τὸν φίλον ἀδικούμενον περιδεῖν
let go (= let slip)	μεθίημι, παρίημι
(= let off)	ἀφίημι
level	ὁμαλός
levy (= tax, tribute)	πράττω (or middle), τάττω
(= soldiers)	συλλέγω, ἀθροίζω
liberty	ἐλευθερία
lie (down)	κεῖμαι, κατάκειμαι, κατακλίνομαι
at anchor	ὁρμέω
in wait for, ambush	ἐνεδρεύω a.
tell a lie	ψεύδομαι
life	βίος
way of life	δίαιτα

prime of life	ἡλικία (also = age, time of life)
lift	αἴρω
light (*noun*)	φῶς (φωτός) n.
(*adj.*)	κοῦφος
kindle light (*verb*)	ἅπτω
-armed troops	οἱ ψιλοί, οἱ πελτασταί
like (*adj.*)	ὁμοῖος d.
to be like	ἐοικέναι d.
likely, it is	use κατὰ τὸ εἰκός (= in all probability)
I am likely	μέλλω
likewise	ὡσαύτως
line (military)	τάξις
form into line (*intr.*)	τάττομαι (and compounds), ἐς τάξιν καθίσταμαι
draw up in line (*tr.*)	τάττω (and compounds)
listen to	*see* hear
live	ζάω
in, inhabit	οἰκέω a., ἐνοικέω ἐν d.
(= pass my life)	διάγω
(= make a living)	βιοτεύω
lofty	ὑψηλός
long	μακρός
ago	πάλαι
for, seek after	ὀρέγομαι g., ἐπιθυμέω g., ποθέω a. (feel the loss of)
so long (of time)	τοσοῦτον χρόνον
look (*intr.*)	βλέπω, σκοπέω (tr. and intr.) δοκέω (= appear)
at	προσβλέπω a., ἀποβλέπω εἰς
after, care for	ἐπιμελέομαι or ἐπιμέλομαι g.
on at, watch	θεάομαι, θεωρέω

lose   ἀπόλλυμι, ἀποβάλλω
   an opportunity   παρίημι (καιρόν)
   a battle   ἡττάομαι
   a lawsuit   δίκην ὀφλισκάνω
   no time   φθάνω (with aorist participle)
loss, I am at a   ἀπορέω, ἀμηχανέω
loud   μέγας
love (*noun*)   ἔρως (-ωτος) m.
     (*verb*)   ἐράω g. (of physical love), φιλέω,
         ἀγαπάω (of affection)
loyal   πιστός, βέβαιος
loyalty   εὔνοια, βεβαιότης
luck, lucky   *see* fortune, fortunate
lunch (*noun*)   ἄριστον (sometimes ' breakfast ')
     (*verb*)   ἀριστοποιέομαι

magistrates   οἱ ἐν τέλει, τὰ τέλη, οἱ ἄρχοντες
         (the chief Athenian
         magistrates)
magnanimous   γενναῖος
magnificent   μεγαλοπρεπής
maiden   κόρη, παρθένος
main body   πλῆθος n.
mainland   ἤπειρος f.
maintain (=support)   τρέφω
       (=insist, assert)   διϊσχυρίζομαι
majority   οἱ πολλοί, οἱ πλείονες
make   ποιέω
   laws   νόμους τίθεμαι
   terms   συγχωρέω, συμβαίνω, συντίθεμαι
         (all a. rei, d. pers.)
   light of   ὀλιγωρέω g., παρ' ὀλίγον ποιέομαι

(=appoint)   καθίστημι

man (*verb*)   πληρόω (of ships)

manage   πράττω, διοικέω, μεταχειρίζω
     (or middle)

manifest   δῆλος, φανερός, σαφής

manifestly   δηλονότι, φανερῶς (cf. He is mani-
     festly wise φανερός ἐστι
     σοφὸς ὤν)

manner (fashion, kind)   τρόπος

  of dress   σκευή

  of life   δίαιτα

  all manner of   παντοῖος adj.

marine   ἐπιβάτης

marry   γαμέω (of a man), γαμέομαι (of
     a woman)

marsh   ἕλος n., λίμνη

marvellous   θαυμαστός, θαυμάσιος (cf. θαυμασίως
     ὡς δεινός wonderfully
     clever)

master (=lord, owner)   δεσπότης

      (=teacher)   διδάσκαλος

  I am master of   κρατέω g.

master of (*adj.*)   κύριος g.

matter, affair   πρᾶγμα n. (cf. What is the matter
     with you? τί πάσχεις;)

  it does not matter   οὐδὲν διαφέρει

mean (*adj.*)   φαῦλος, ταπεινός, αἰσχροκερδής
     (greedy for gain)

    (*verb*)   λέγω, λέγειν βούλομαι

mean to, intend   διανοέομαι, ἐν νῷ ἔχω

means   οὐσία (property), μηχανή
     (contrivance)

by all means	πάνυ γε, παντάπασι and μὲν οὖν (both in answers)
by no means	οὐδαμῶς, οὐδ' ὁπωστιοῦν
by means of	διά g.
meanwhile	ἐν τούτῳ
meddle	πολυπραγμονέω
meddlesomeness	πολυπραγμοσύνη
meet	ἀπαντάω d., περιτυγχάνω d. (fall in with)
mercenaries	οἱ ἐπίκουροι, οἱ ξένοι, οἱ μισθοφόροι
merchant	ἔμπορος
merchantman	ὁλκάς (-άδος) f.
mercy, show	φείδομαι g., συγγιγνώσκω d.
merely	οὐδὲν ἄλλο ἤ
message	ἀγγελία (or use verb ἀγγέλλω)
middle	μέσος (e.g. ἐν μέσῃ τῇ πόλει)
might, with all one's	κατὰ δύναμιν, παντὶ σθένει
military matters	τὰ πολεμικά
age	ἡλικία
miserable	ἄθλιος, ἐλεεινός (pitiable), φαῦλος (mean)
misfortune	συμφορά, δυστυχία
misrepresent, slander	διαβάλλω
miss	ἁμαρτάνω g., σφάλλομαι g., παρίημι (miss, let slip an opportunity), ποθέω (feel the loss of)
missile	βέλος n.
mistake (noun)	ἁμαρτία, ἁμάρτημα n.
(verb)	ἁμαρτάνω g., σφάλλομαι g.
mix (tr.)	μίγνυμι, κεράννυμι (both τί τινι)
mock	καταγελάω g., σκώπτω, χλευάζω

moderate, modest	μέτριος, σώφρων
moderation	σωφροσύνη, μετριότης (-ητος) f.
modesty	αἰδώς f., αἰσχύνη
moment (= occasion)	καιρός
crowning moment	ἀκμή
for the moment	τὸ παραυτίκα
on the spur of the moment	ἐξ ὑπογυίου, ἐκ τοῦ παραχρῆμα
money	τὰ χρήματα, τὸ ἀργύριον
make money	χρηματίζομαι
monument	μνημεῖον, μνῆμα n.
moon	σελήνη (cf. ἦν σελήνη λαμπρά it was bright moonlight)
moor (a ship)	ὁρμίζω (in passive = ὁρμεῖν be moored)
moral (adj.)	ὀρθός, δίκαιος
morality	τὸ καλόν, τὸ δίκαιον
more, the . . . the more	ὅσῳ . . . τοσούτῳ
moreover	πρὸς τούτοις, ἔτι δέ, καὶ δὴ καί
most part, for the	ὡς ἐπὶ τὸ πολύ
motive, with what?	τί βουλόμενος; τί μαθών;
mound	χῶμα n.
move (tr.)	κινέω, μεθίστημι (remove)
a resolution	γράφω (ψήφισμα n.)
to anger etc.	καθίστημι εἰς
about, to and fro	φοιτάω
(intr.)	κινέομαι
moved, I am	κάμπτομαι, ταράττομαι
multitude	πλῆθος n., ὄχλος
must	δεῖ με, χρή με (both with inf.)
mutiny, revolt (noun)	στάσις, ἀπόστασις
(verb)	στασιάζω (of internal strife), ἀφίσταμαι ἀπό g.

name (*noun*)	ὄνομα n.
by name	ὀνόματι, ὀνομαστί
have a good name	εὖ ἀκούω
narrow space	στενοχωρία
narrowly escape	παρὰ μικρὸν ἐλθεῖν (with inf.)
natives, the	οἱ ἐπιχώριοι, οἱ αὐτόχθονες, οἱ αὐτόθεν
naturally	εἰκότως (=reasonably), φύσει (= by nature), ὡς εἰκός (as might be expected)
nature	φύσις, ἦθος n. (=disposition)
of what nature?	ποῖος;
of such a nature	τοιοῦτος
nearly	σχεδόν, ὅσον οὐ, ὀλίγου (δεῖ)
necessary (*adj.*)	ἐπιτήδειος, ἀναγκαῖος
it is necessary	δεῖ, χρή (both with acc. and inf.)
need (*verb*)	δέομαι g., ἀπορέω g. (*see* lack), σπανίζω g.
(*noun*)	ἔνδεια, ἀπορία, σπάνις
neglect (*noun*)	ἀμέλεια
(*verb*)	ἀμελέω g., ὀλιγωρέω g. (=despise) παρίημι (=let slip)
negotiate with	πράττω πρός a., χρηματίζομαι (d. pers. = have dealings with)
neighbour	γείτων, ὁ πλησίον
neighbouring	ὅμορος, πρόσοικος
neither (of two)	οὐδέτερος
neither . . . nor	οὔτε . . . οὔτε (μήτε . . . μήτε)
never	οὔποτε (μήποτε), οὐδέποτε (μηδέποτε)
nevertheless	ὅμως, μέντοι, οὐ μὴν ἀλλά
next (in time)	ὁ ἐπιγιγνόμενος

day	τῇ ὑστεραίᾳ
(in order)	ὁ ἐφεξῆς
no one	οὐδείς (μηδείς)
longer	οὐκέτι (μηκέτι)
sooner ... than	οὐκ ἔφθην (with participle) ... καὶ εὐθύς
noble	γενναῖος, εὐγενής (of noble birth)
nobles, the	οἱ δυνατοί
nobility (of character)	γενναιότης f.
(of birth)	εὐγένεια
noise	θόρυβος, βοή, ψόφος
nominally .. really	λόγῳ μέν ... ἔργῳ δέ
nonsense, talk	φλυαρέω, ληρέω (φλυαρία, λῆρος)
noon	μεσημβρία
north	βορρᾶς, βορέας (wind or region), τὰ πρὸς βορρᾶν
not at all	οὐδέν, οὐδαμῶς, οὐ πάνυ
yet	οὔπω (μήπω)
notable, noteworthy	ἀξιόλογος
noted	see famous
nothing	οὐδέν (μηδέν)
notice, observe, perceive	αἰσθάνομαι, γιγνώσκω, τὸν νοῦν προσέχω d.
escape notice	λανθάνω (a. and participle)
nowhere	οὐδαμοῦ (οὐδαμόσε of motion)
oath	ὅρκος
bind by an oath	ὁρκόω
take an oath (swear)	ὄμνυμι, ἐπόμνυμι
faithful to one's oath	εὔορκος
false to one's oath	ἐπίορκος
observe (=look at, examine)	σκοπέω, θεάομαι

(= abide by)	ἐμμένω d.
obtain	κτάομαι, τυγχάνω g., λαγχάνω (by lot)
obviously	δηλονότι, σαφῶς, φανερῶς
occupy	καταλαμβάνω, κατέχω (= hold)
oneself (be occupied in)	πραγματεύεσθαι περί (a. or g.), εἶναι περί τι
occur (= take place)	γίγνεσθαι, συμβαίνειν
(= to suggest itself)	παρίστασθαι d., ἐπελθεῖν d.
offence (= a wrong, injustice)	ἀδικία, ἀδίκημα n.
(= a sin, moral wrong)	ἁμαρτία, ἁμάρτημα n.
offend, annoy	λυπέω
offensive (adj.)	πικρός, βαρύς, ἐπαχθής
offer	δίδωμι (pres. and imperf.), παρέχω, προτείνω
office	ἀρχή, τιμή (high office)
officer	λοχαγός, ταξίαρχος
old, ancient	παλαιός, ἀρχαῖος
age	γῆρας n.
grow old	γηράσκω
how old is he?	πόσα ἔτη γέγονε;
so old	τηλικοῦτος
once	ἅπαξ
upon a time	ποτέ, πάλαι
at once	εὐθύς, παραχρῆμα, ἐν τῷ παραυτίκα
one (= a person)	τις
after another	ἐφεξῆς
another, each other	ἀλλήλους
by one	καθ᾽ἕκαστον
open (tr.)	ἀνοίγνυμι, ἀνοίγω
openly	φανερῶς, ἐκ τοῦ προφανοῦς

operations (military)	τὰ πολεμικά
(naval)	τὰ ναυτικά
opinion	γνώμη, δόξα (cf. ὡς ἐμοὶ δοκεῖ in my opinion)
opponent	ἐναντίος
opportunity	καιρός, ἀφορμή
offers	παρέχει d. (impersonal)
oppose	ἐναντιόομαι d., ἀνθίσταμαι d.
opposite (adj.)	ἐναντίος
(adv.)	πέραν, καταντικρύ
(prep.)	κατά a.
oppress	πιέζω
oppressive	βαρύς, ἐπαχθής
order, command (verb)	κελεύω, προστάττω d., ἐπιστέλλω d.
(= orderly arrangement)	κόσμος
(= good discipline)	εὐταξία
in order (one after another)	ἐφεξῆς
organize (= arrange)	διακοσμέω, διατίθημι (or middle), συσκευάζω (bad sense)
(= prepare)	παρασκευάζομαι
ornament	κόσμος
other, the (of two)	ὁ ἕτερος (also ' the one ' of two)
otherwise	εἰ δὲ μή, ἄλλως (in another way)
ought	δεῖ or χρή (it is necessary)
outside	ἔξω g.
overcome (= master)	κρατέω g.
(= conquer, subdue)	νικάω, καταστρέφομαι
(= excel)	περιγίγνομαι g.
overtake	καταλαμβάνω
overthrow, ruin	καθαιρέω, ἀνατρέπω
overtures, make	ἐπικηρυκεύομαι
owe	ὀφείλω

pack up	συσκευάζομαι
pain, feel	ἀλγέω
panic	ἔκπληξις, ταραχή
panic-stricken	ἐκπλαγείς, ἐκπεπληγμένος
pardon (*noun*)	συγγνώμη
(*verb*)	συγγιγνώσκω d.
parliament	ἐκκλησία (Assembly), βουλή
	(Senate)
part	μέρος n.
of, it is the	ἐστί with g., προσήκει d.
I for my part	ἔγωγε
for the most part	ὡς ἐπὶ τὸ πολύ
take part in	μετέχω g., κοινωνέω g.
particular, and in	καὶ δὴ καί
partly . . . partly	τὰ μέν . . . τὰ δέ
party (political)	στάσις, σύνοδος f.
pass (*noun*)	τὰ στενά
(*verb*)	παρέρχομαι, παραπλέω (by sea)
over	διαβαίνω (e.g. river), ὑπερβαίνω
	(e.g. mountain), περαιόω
	in passive (e.g. sea)
time	διάγω, διατρίβω
(=go past, of time)	παριέναι, διιέναι
word along	παραγγέλλω
laws	τίθεσθαι νόμους
over in silence	παραλείπω, ἐάω
past, in the	πάλαι (of old), ἐν τῷ παρελθόντι
	χρόνῳ
path	ὁδός f., ἀτραπός f.
patient, I am	καρτερέω (also with participle =
	persevere in, and tr. = endure
	patiently)

patriotic	φιλόπολις
pay (*noun*)	μισθός
give pay	μισθοδοτέω
receive pay	μισθοφορέω
(*verb*)	τίνω (a. rei, d. pers.), τελέω, φέρω (both often = pay tax)
penalty	δίκην δίδωμι
back	ἀποδίδωμι
pelt (*verb*)	βάλλω (a. pers., d. rei)
perhaps	ἴσως, ταχ' ἄν (mostly with optative), (cf. κινδυνεύεις ἀληθῆ λέγειν = perhaps you are right)
perish	ἀπόλλυμαι, διαφθείρομαι, ἀποθνήσκω
perjury	ἐπιορκία (ἐπιορκέω, ἐπίορκος)
perplexed, I am	ἀπορέω, ἀμηχανέω
persevere, persist	διατελέω, καρτερέω (both with participle)
persuasive	πιθανός
pestilence	νόσος f., λοιμός
philosopher	φιλόσοφος (φιλοσοφία, φιλοσοφέω)
physician	ἰατρός
picked, chosen	λογάδες (plural)
pick up	ἀναιρέομαι
piety	εὐσέβεια (εὐσεβής, εὐσεβέω)
pile arms	ὅπλα τίθεμαι
pilot	κυβερνήτης
pirate, robber	λῃστής (λῃστεία, λῃστεύω)
pitch camp	στρατοπεδεύομαι
pitch of, to such a	ἐς τοσοῦτο g.
pitched battle	καρτερὰ μάχη
pitiable	ἐλεεινός
pity (*noun*)	ἔλεος

pity (*verb*)	ἐλεέω, οἰκτείρω
place (*noun*)	τόπος, χωρίον (military position)
(*verb*)	τίθημι, ἵστημι (and compounds)
take place	γίγνεσθαι
plain, manifest	δῆλος, φανερός (e.g. It is plain that I erred = δῆλός εἰμι ἁμαρτών)
plan (*noun*)	βουλή, βούλευμα n., διάνοια (or use a verb)
(*verb*)	ἐπινοέω, διανοέομαι, μηχανάομαι (contrive)
platform	βῆμα n.
plausible	πιθανός (persuasive), εὐπρεπής, εὔλογος
plead (in excuse)	προφασίζομαι
(in defence)	ἀπολογέομαι
please	ἀρέσκω d.
pleased, I am	ἥδομαι d., χαίρω d. (I take pleasure in)
pleasure	ἡδονή
pledge (*noun*)	πίστις
oneself	ἐγγυάομαι, πιστὰ δίδωμι
plunder, pillage	πορθέω, ἁρπάζω, συλάω, λήζομαι
point of, on the	μέλλων with inf.
point, beside the	ἔξω τοῦ λόγου, λόγος ἄλλος
to the point	πρὸς λόγον
up to a point	μέχρι του
a case in point	παράδειγμα n. (example)
out	ἀποδείκνυμι, δηλόω
policy (course of action)	προαίρεσις
public policy	ἡ πολιτεία, τὰ πολιτεύματα, τὰ πεπολιτευμένα
politics	τὰ πολιτικά, τὸ πολιτεύεσθαι

politician	ὁ πολιτευόμενος
ponder	φροντίζω, ἐνθυμέομαι, λογίζομαι
poor	πένης (-ητος), φαῦλος (mean),
	ταλαίπωρος (miserable)
position, to be in a bad	κακῶς διακεῖσθαι
take up a position	ἐγκαθέζομαι (or say ' encamp ')
possess	ἔχω, κέκτημαι
possession of, gain	κρατέω g.
possible	δυνατός
it is possible	ἔξεστι, πάρεστι, ἐνδέχεται
as far as possible	κατὰ τὸ δυνατόν, κατὰ δύναμιν
possibly	ἴσως, τάχα (or κινδυνεύω with inf.)
post (noun) (in line)	τάξις
(guard-post)	φρούριον
posterity	οἱ ἔπειτα, οἱ ἐπιγιγνόμενοι
postpone	ἀναβάλλω (and middle)
pour	χέω
power, bring into my	ὑπ' ἐμαυτῷ ποιέομαι
in the power of	ἐπί d., ὑποχείριος d.
powerful	δυνατός, ἰσχυρός
practice	μελετή, ἄσκησις, ἐπιτήδευσις
(=habit, custom)	ἔθος n., ἐπιτήδευμα n.
practise	μελετάω, ἀσκέω, ἐπιτηδεύω
praise (noun)	ἔπαινος
(verb)	ἐπαινέω
pray	εὔχομαι
precautions, take	εὐλαβέομαι (εὐλάβεια, εὐλαβής)
precipitous	κρημνώδης, ἀπόκρημνος
precise, exact, strict	ἀκριβής
I am precise	ἀκριβολογέομαι (speak precisely)
precisely so	κομιδῇ μὲν οὖν
prefer	μᾶλλον αἱρέομαι, προαιρέομαι

prejudice (*noun*)	διαβολή
prepare	παρασκευάζω and middle
presence	παρουσία
in the presence of	παρά with d.
into the presence of	παρά with a.
present, I am	πάρειμι
circumstances	τὰ παρόντα, τὰ καθεστῶτα
for the present	ἐς τὸ παραυτίκα
at the present	ἐν τῷ παρόντι
press hard	πιέζω, βιάζομαι, πρόσκειμαι d.
pressed, I am hard	πιέζομαι, πονέω, ταλαιπωρέω (and passive)
prestige	ἀξίωμα n.
pretend	προσποιέομαι
pretext	πρόφασις
prevail	κρατέω, νικάω
upon	ἀναπείθω
pride	ὕβρις, φιλοτιμία (the first in a bad sense, the second in a good sense)
myself on	σεμνύνομαι ἐπί d., ἀγάλλομαι d.
priest	ἱερεύς
prime	ἀκμή (ἀκμάζω)
principle	ἀρχή (= source), προαίρεσις (rule of conduct)
private	ἴδιος
person (=layman)	ἰδιώτης
in private	ἰδίᾳ
prize (*noun*)	ἆθλον
of valour	τὰ ἀριστεῖα
first prize	τὰ πρωτεῖα
(*verb*)	περὶ πολλοῦ ποιέομαι

probable, it is	εἰκός ἐστι (with a. and present or aorist inf.)
probably	κατὰ τὸ εἰκός
procession	πομπή
proclaim	κηρύττω (and compounds)
produce (=cause)	παρέχω (and middle), ποιέω
profit (noun)	κέρδος n., λῆμμα n.
(verb) (intr.)	κερδαίνω
by	ἀπολαύω g.
profitable	λυσιτελής, ὠφέλιμος
profits, it	συμφέρει d., λυσιτελεῖ d.
promise (noun)	use verb, cf. τὰ ὑπεσχημένα
(verb)	ὑπισχνέομαι
promontory	ἀκρωτήριον, ἄκρα
proof (=evidence)	τεκμήριον, σημεῖον (sign)
(=trial, test)	πεῖρα
(=demonstration)	ἀπόδειξις
property	χρήματα n. plural, τὰ ὄντα, οὐσίc
prophet	μάντις
proposal	λόγος (or plural), ψήφισμα n. (legal`
propose	προτίθημι, προφέρω
a law	γράφω νόμον
prosecute (at law)	διώκω
(=carry on with)	μετέρχομαι, μεταχειρίζομαι
prosper (of persons)	εὖ πράττω, εὐτυχέω, κατορθόω
(of things)	προχωρεῖν
prosperity	εὐπραξία, εὐτυχία, εὐδαιμονία
protest	δεινὸν ποιέομαι (complain, an indignant), σχετλιάζω (com plain bitterly), διαμαρτύρομα (protest solemnly)
proud	σεμνός, ὑπερήφανος

I am proud of	μέγα φρονέω ἐπί d., σεμνύνομαι ἐπί d., ἀγάλλομαι d., ἀβρύνομαι d.
prove (=demonstrate)	ἀποδείκνυμι
(=turn out)	συμβαίνειν, ἐκβαίνειν, cf. ἐφάνησαν ἁμαρτάνοντες they proved to be wrong
proverb	παροιμία
in the words of the proverb	τὸ λεγόμενον
provide, furnish	παρέχω, πορίζω, παρασκευάζω
provided that	ἐφ' ᾧτε (inf.)
provoke	παροξύνω
prudence	σωφροσύνη, πρόνοια (foresight), εὐλάβεια
public	δημόσιος, κοινός
public life	τὰ πεπολιτευμένα
enter public life	πρὸς τὸ κοινὸν προσέρχομαι
I am engaged in public life	πολιτεύομαι, τὰ δημόσια πράττω
publicly	δημοσίᾳ
punish	κολάζω, ζημιόω, τιμωρέομαι, δίκην λαμβάνω παρά g.
punishment	ζημία, τιμωρία
pupil	μαθητής
purpose (verb)	διανοέομαι, ἐπινοέω
(noun)	βουλή, διάνοια, γνώμη
for the purpose of	ἐπί d.
for this very purpose	ἐπ' αὐτὸ τοῦτο
on purpose	ἐπίτηδες, ἐξεπίτηδες
to no purpose	μάτην, ἄλλως
pursuit, study, occupation	ἐπιτήδευμα n.
push	ὠθέω
put	τίθημι (and compounds)

off, postpone	ἀναβάλλω (or middle)
to sea	ἀνάγομαι
in to land	προσσχεῖν εἰς, κατάγομαι εἰς
to flight	τρέπω, ἐς φυγὴν καθίστημι
on (of clothes)	ἐνδύω, ἀμφιέννυμι, περιβάλλομαι
aside	ἀφίημι
up with, endure	ἀνέχομαι a. or participle, ἀγαπάω
	a. or d., καρτερέω a.
up with, lodge with	καταλύω παρά d.
quality, worth	ἀξία or use ποῖος; οἷος
quantity, number, amount	πλῆθος n. or use πόσος; ὅσος
quarrel (noun)	ἔρις, διαφορά
with (verb)	ἐρίζω d., διαφέρομαι d.
queen	βασίλεια
question (noun)	ἐρώτημα (n)
(verb)	ἐρωτάω
quick	ταχύς, ὀξύς (quick-witted), ἐλαφρός
	(nimble)
quiet (adj.)	ἥσυχος (noun ἡσυχία)
keep quiet	ἡσυχάζω, ἡσυχίαν ἄγω
quite	πάνυ, παντελῶς, ἀτεχνῶς
rabble	ὄχλος
rain	ὕδωρ n., ὑετός, ὄμβρος (shower)
raise (=lift)	αἴρω (and compounds)
(=make to stand)	ἀνίστημι
(=collect)	συλλέγω
(=erect, build)	οἰκοδομέω, κατασκευάζω
(=exalt, raise to honour)	αὐξάνω
rally (intr.) (of troops)	ἀναστρέφομαι
random, at	εἰκῆ

rash (of persons)	προπετής
rashly	ἀσκέπτως, ἀπερισκέπτως, προπετῶς
rate, at any	γε, γοῦν
rather	μᾶλλον
nay rather	μὲν οὖν
ravage (= plunder)	λήζομαι, συλάω, πορθέω, ἁρπάζω
(= lay waste)	δηόω, τέμνω, κείρω
raze (buildings, etc.)	καθαιρέω
to the ground	κατασκάπτω
reach	ἀφικνέομαι εἰς (πρός), προσέρχομαι πρός
(with a missile)	ἐφικνέομαι g. (also = gain, attain to)
read	ἀναγιγνώσκω
really	τῷ ὄντι, ἀληθῶς
reap the fruits of, enjoy	καρπόομαι a., ἀπολαύω g.
rear (of a column)	οἱ ὄπισθεν
-guard	οἱ ὀπισθοφύλακες
in the rear	κατὰ νώτου
rear (*verb*) (e.g. children)	τρέφω (maintain, support), παιδεύω (educate)
reason (= cause)	ἡ αἰτία, τὸ αἴτιον
(= the rational faculty)	νοῦς, λόγος
reasonable (= fair, equitable)	ἐπιεικής, εὔλογος
(= moderate)	μέτριος
it is reasonable	εἰκός (ἐστι)
reasonably	εἰκότως
rebel, revolt	ἀφίσταμαι (noun ἀπόστασις)
rebuke	ὀνειδίζω, ἐπιτιμάω (both d. pers., a. rei)
recall to mind, remember	ἀναμιμνήσκομαι g., μέμνημαι g.
recently	ἄρτι, νεωστί
recite, recount	διεξέρχομαι, ἐξηγέομαι

reckon, calculate	λογίζομαι
recognize	ἀναγνωρίζω
reconcile	συναλλάττω (τινά τινι)
reconnoitre	κατασκοπέω
recourse to, have	τρέπομαι εἰς, καταφεύγω εἰς
recover, get back, regain	ἀναλαμβάνω, κομίζομαι
health	ῥαΐζω
courage	ἀναθαρρέω
reduce (=subdue)	καταστρέφομαι, χειρόομαι
(by siege)	ἐκπολιορκέω
(to a certain state)	καθίστημι εἰς
reflect, ponder	ἐνθυμέομαι, φροντίζω, σκοπέω
refrain from	ἀπέχομαι (g. or μή with inf.)
refuge in, take	καταφεύγω εἰς
refuse	οὐκ ἐθέλω (inf.)
refute	ἐξελέγχω
regret, repent	μεταμέλει μοι g., μεταμέλομαι
	(participle or ὅτι)
reign	βασιλεύω, ἄρχω
reinforcements	ἡ βοήθεια, οἱ βοηθοί
rejoice at	ἥδομαι d., χαίρω d.
relate	see recite
related (by blood)	οἰκεῖος, συγγενής, ἀναγκαῖος
release (noun)	ἀπαλλαγή
(verb)	ἀπολύω, ἀφίημι, ἀπαλλάττω, ἐλευθερόω
religion	εὐσέβεια, τὰ θεῖα
reluctantly	ἄκων (adj.), μόγις (adv.)
rely on	πιστεύω d., πείθομαι d.
remember	μέμνημαι g. or a., ἀναμιμνήσκομαι, μνημονεύω g. or a. both
remind	ἀναμιμνήσκω (τινά τι or τινά τινος)

remonstrate	δεινὸν ποιέομαι, σχετλιάζω
remove (*tr.*)	μεθίστημι, ἀνίστημι, ἐξανίστημι
from home (*intr.*)	μετανίσταμαι, ἀπανίσταμαι
repair	ἐπισκευάζω, ἐπανορθόω (set right, correct)
repent	*see* regret
reply	ἀποκρίνομαι, ὑπολαμβάνω (to retort)
reproach (*noun*)	ὄνειδος n.
(*verb*)	ὀνειδίζω (τί τινι), ἐπιτιμάω (τί τινι)
republic	δημοκρατία, πολιτεία (constitution) or verb δημοκρατέομαι e.g. αὕτη ἡ πόλις δημοκρατεῖται
repulse	ἀποκρούομαι, ἀμύνομαι
reputation	δόξα, ἀξίωμα n.
request	ἀξιόω, αἰτέω
rescue	σώζω (and compounds)
come to the rescue	βοηθέω d., ἐπαμύνω d.
resemble	ἔοικα d.
resembling, like	ὅμοιος d., παραπλήσιος (nearly like)
reserved (= quiet)	ἥσυχος, ἡσυχαῖος
(= cautious)	εὐλαβής
(= modest)	αἰδοῖος
reside	*see* inhabit
resign (*tr.*)	παραδίδωμι
(*intr.*)	ἐξίσταμαι g., ἀφίσταμαι g.
resist (military sense)	ἀμύνομαι, ἀνθίσταμαι d., ἀντέχω d.
(general sense)	ἐναντιόομαι d.
(a thing)	καρτερέω πρός a.
resolute, persistent	καρτερός, ἰσχυρός
resort to, have recourse to	τρέπομαι εἰς
resources	παρασκευή, ἀφορμή (or plural), τὰ ὑπάρχοντα

respite	ἀνάπαυλα
responsible for	αἴτιος g.
rest of, the	ὁ ἄλλος, ὁ λοιπός (e.g. ὁ ἄλλος στρατός)
rest (*verb*)	ἀναπαύομαι (also = halt)
(= keep quiet)	ἡσυχάζω
restore (= give back)	ἀποδίδωμι
(= rebuild)	ἐπανορθόω
(from exile)	κατάγω
restrain	κατέχω, εἴργω, κωλύω
result (*noun*)	τέλος n., τὸ γενόμενον, τὸ συμβεβηκός
(*verb*)	συμβαίνειν, ἐκβαίνειν, ἀποβαίνειν
return (*verb*) (*tr.*)	ἀποδίδωμι, ἀντιδίδωμι (= to repay)
(*verb*) (*intr.*)	ἐπανέρχομαι, ἥκω, κατέρχομαι (from exile)
reveal	δηλόω, ἀποδείκνυμι, ἀποφαίνω, μηνύω (reveal a secret)
revenge (*noun*)	τιμωρία
take revenge	τιμωρέομαί τινά τινος (take vengeance on one for a thing)
reverse (*noun*)	ἧττα, πταῖσμα n.
review (*noun*)	ἐξέτασις
(*verb*)	ἐξετάζω
in words, relate	ἐξηγέομαι
revile	λοιδορέω, προπηλακίζω, ὀνειδίζω d., ὑβρίζω
revolt (*noun*)	ἀπόστασις
(*verb*)	ἀφίσταμαι
revolution (political)	νεωτερισμός
make a revolution	νεωτερίζω
reward (*noun*)	δῶρον (prize), μισθός (pay)

reward (*verb*)	χάριν ἀποδίδωμι d.
riches	πλοῦτος (πλουτέω), εὐπορία
rid of, get	ἀπαλλάσσομαι g.
riddle	αἴνιγμα n. (αἰνίσσομαι)
ride (horse, etc.)	ἐλαύνω, ἱππεύω
(in carriage, etc.)	φέρομαι
right (=fair, just)	δίκαιος
(=correct, genuine)	ὀρθός
the right hand	ἡ δεξιά (cf. on the right ἐν δεξιᾷ)
it is right	προσήκει, πρέπει
I think right	ἀξιόω
rightly	ἀληθῶς, ὀρθῶς, εἰκότως (=reasonably)
rise (=get up)	ἀνίσταμαι
(of the sun)	ἀνατέλλειν
(in revolt)	ἐπανίσταμαι d.
risk (*noun*)	κίνδυνος
everything	διακινδυνεύω
run a risk	κινδυνεύω
(*verb*) (*tr.*)	παραβάλλομαι
rivalry	φιλονεικία (φιλονεικέω, φιλόνεικος) mostly in a bad sense
rob	ἀφαιρέομαι (τινά or τινί τι), συλάω (τινά τι)
rock (*noun*)	πέτρα
roll (*tr.*)	κυλινδέω
(*intr.*)	κυλινδέομαι
room	οἴκημα n.
rough (=harsh, rugged)	τραχύς
(=hard, stern)	σκληρός
rouse	ἐγείρω (awaken), παροξύνω, ἐπαίρω
rout (*noun*)	τροπή

rout (*verb*)	τρέπω, εἰς φυγὴν καθίστημι
rub	τρίβω
ruin (*noun*)	ὄλεθρος
(*verb*)	ἀπόλλυμι, διαφθείρω, καθαιρέω
rule (*noun*)	ἀρχή, κράτος n. (might, mastery)
(*verb*)	ἄρχω g., κρατέω g. (hold the mastery over)
as a rule	ὡς ἐπὶ τὸ πολύ
ruler	ἄρχων, δεσπότης, κύριος (= lord of)
run	τρέχω
away	ἀποδιδράσκω
short (= fail)	ἐλλείπω
at a run	δρόμῳ
rush (*intr.*)	ὁρμάω, φέρομαι
into	εἰσπίπτω εἰς
sacred	ἱερός
sack (a city, etc.)	πορθέω, λήζομαι
safely	ἀκινδύνως, ἀσφαλῶς (or use adj.)
come safely to	σῴζομαι εἰς or πρός
safety	σωτηρία, ἀσφάλεια
sail (*noun*)	ἱστίον
sally, sortie	ἐκδρομή
forth (*verb*)	ἐκτρέχω, ἐπεξέρχομαι
same time, at the (*adv.*)	ἅμα (also preposition + d. ' at the same time as ')
satisfactory	ἐπιτήδειος, ἱκανός (or use κατὰ νοῦν)
satisfied, I am	ἀρκεῖ μοι
satisfied with, I am	στέργω a., ἀγαπάω d., ἀρέσκομαι d.

satisfy (please)	ἀρέσκω d.
savage, fierce, wild	βάρβαρος, ἄγριος
saying, proverb, maxim	παροιμία
scarcely, barely, with difficulty	μόλις, μόγις
scarcity	σπάνις, ἔνδεια
scatter	σκεδάννυμι, διασκεδάννυμι
scattered	διεσπαρμένος, διεσπασμένος
scholar	μαθητής
school	διδασκαλεῖον
go to school	εἰς διδασκάλου φοιτάω
schoolmaster, teacher	διδάσκαλος
scot-free, come off	ἀθῷος (ἀζήμιος) ἀπαλλάττω
	(or passive)
let off scot-free	ἀθῷόν τινα παρίημι
sea, open	πέλαγος n.
fight	ναυμαχία (ναυμαχέω)
put to sea	ἀνάγομαι
on the open sea	μετέωρος
I am supreme by sea	θαλασσοκρατέω
search, seek	ζητέω, ἐρευνάω
seashore	αἰγιαλός, ἀκτή
season	ὥρα
seated, I am	κάθημαι
secret (adj.)	ἀπόρρητος, κρυπτός
secretly	λάθρα, κρύφα, κρύβδην
secure (adj)	βέβαιος, ἀσφαλής
(verb) (=obtain)	κτάομαι
(=seize, occupy)	κατέχω, καταλαμβάνω
(=make safe)	βεβαιόω
(=win, gain over)	περιποιέομαι, προσποιέομαι
security, safety	σωτηρία, ἀσφάλεια, βεβαιότης
sedition	στάσις

see	ὁράω, σκοπέω (=examine, contemplate, take heed), βλέπω (=look, behold)
to it that	ἐπιμέλομαι, φροντίζω (both with ὅπως and fut. indicative)
seem	δοκέω, φαίνομαι
seize	λαμβάνω, ἁρπάζω (snatch up), ἀντιλαμβάνομαι g. (take hold of)
selfish	πλεονέκτης (πλεονεκτέω, πλεονεξία)
self-respect, self-control	σωφροσύνη
self-sufficient	αὐτάρκης
self-willed	αὐθάδης
sell	πωλέω (parts ἀποδώσομαι, ἀπεδόμην, πέπρακα)
senate	βουλή
-house	βουλευτήριον
senator	βουλευτής (βουλεύω)
send	πέμπω, ἀποστέλλω (send on a mission)
away	ἀποπέμπω, ἀφίημι (dismiss)
for	μεταπέμπομαι a.
word round	περιαγγέλλω
sense, good	εὐβουλία, γνώμη
senses, to be in one's	εὖ φρονεῖν
sensible, prudent	φρόνιμος, σώφρων, εὔβουλος
separate (verb) (tr.)	χωρίζω, διαιρέω, διασπάω
(verb) (intr.)	Passive of διακρίνω or ἀπαλλάσσω
separately	χωρίς, δίχα
serious (=earnest)	σπουδαῖος (σπουδή, σπουδάζω)
servant	οἰκέτης, ὑπηρέτης
serve (=pay court to, attend to)	θεραπεύω
(one's country)	εὐεργετέω, ὠφελέω

serve (as a slave)	ὑπηρετέω d., δουλεύω
(as a soldier)	στρατεύομαι
service	ὑπηρεσία, θεραπεία (especially to the gods), εὐεργεσία, χάρις, ὠφέλεια (benefit, favour), στρατεία (military)
set (= set up) (tr.)	τίθημι, ἵστημι, ἀνίστημι
(as a task)	προτίθημι (τί τινι)
one's heart on	ὥρμημαι ἐπί a., ἐφίεσθαι g.
at naught	παρ' οὐδὲν τίθεμαι (ποιοῦμαι)
foot on	ἐπιβαίνω g.
over, put in command of	ἐφίστημι (τινά τινι)
sail	ἀνάγομαι, αἴρω, ἀπαίρω
out (by land)	ἀφορμάομαι
(= appoint)	καθίστημι
set (intr.) (of the sun, etc.)	δῦναι (δύω)
settle (tr.) (= arrange, establish)	καθίστημι
(= colonize)	κατοικίζω, κτίζω
(= manage)	διοικέω
(= decide a matter)	διακρίνω, διατίθημι, διαλύω
(intr.)	ἐνοικίζομαι d., ἐνοικέω
severally	καθ ἕκαστον, ὡς ἕκαστοι
severe, harsh	τραχύς, σκληρός
severe measures against, take	νεώτερόν τι ποιεῖν εἰς
shame (noun)	αἰδώς f., αἰσχύνη
(verb) (tr.)	αἰσχύνω
I feel shame, am ashamed	αἰσχύνομαι
shameful	αἰσχρός
shameless	ἀναιδής
share (noun)	μέρος n., μοῖρα (portion, lot)

share (*verb*)	μεταδίδωμι (τινί τινος), κοινωνέω (τινί τινος), μετέχω g., μεταλαμβάνω g.
shipwreck	*see* wreck
suffer shipwreck	ναυαγέω
shirk, shrink from	ὀκνέω, ἀποκνέω (a. or inf.)
short	βραχύς
of, fall	ἐλλείπω g., λείπομαι g.
in short	ὅλως, ἁπλῶς
shout (*noun*)	βοή, κραυγή, θόρυβος
(*verb*)	βοάω
show	φαίνω, δηλόω, δείκνυμι
oneself brave, etc.	ἑαυτὸν ἀνδρεῖον παρέχειν
bravery, etc.	τὴν ἀρετὴν ἐπιδείκνυσθαι
shut	κλήω, ἐμφράττω (block up)
in	ἐγκλήω, κατείργω
side, neither	οὐδέτεροι
on every side	πανταχῇ, πανταχοῦ
from every side	πανταχόθεν
on the side of	πρός g.
with (*verb*)	φρονέω τά τινος, εὐνοϊκῶς διακεῖσθαι πρός, προστίθεμαι d.
siege	πολιορκία
lay siege to	πολιορκέω
take by siege	ἐκπολιορκέω
raise a siege	πολιορκίας ἀνίσταμαι
sight of, catch	καθοράω a.
lose sight of	ἀποκρύπτω a.
signal (*noun*)	σημεῖον, σύνθημα n.
(*verb*)	σημαίνω (give the signal for) a.
(*adj.*)	λαμπρός
silence	σιγή, σιωπή

keep silence	σιγάω, σιωπάω
silently, in silence	σιγῇ
silver (*noun*)	ἄργυρος, ἀργύριον (silver coin)
(*adj.*)	ἀργυροῦς
similar	ὁμοῖος
nearly similar	παραπλήσιος
similarly	ὁμοίως, ὡσαύτως
simple (=single)	ἁπλοῦς
(=foolish)	εὐήθης
simplicity (guilelessness)	εὐήθεια
simply	ἁπλῶς, ἀτεχνῶς (absolutely), οὐδὲν ἄλλο ἤ
sing	ᾄδω
sister	ἀδελφή
sit down	καθίζομαι or καθέζομαι
before (besiege)	προσκαθέζομαι
situated	κείμενος
skilful, skilled	ἐπιστήμων, ἔμπειρος (experienced), δεξιός, δεινός
skill	τέχνη, ἐπιστήμη (knowledge), ἐμπειρία (experience)
skirmish (*verb*)	ἀκροβολίζομαι
(*noun*)	ἀκροβολισμός
sky, heaven	οὐρανός
slander (*verb*)	διαβάλλω
(*noun*)	διαβολή
slaughter (*verb*)	σφάζω or σφάττω
(*noun*)	σφαγή
slavery	δουλεία (or τὸ δουλεύειν)
sleep (*verb*)	καταδαρθάνω (=go to), καθεύδω (I am asleep)
(*noun*)	ὕπνος

sleepless	ἄγρυπνος (noun ἀγρυπνία)
sling (noun)	σφενδόνη
(verb)	σφενδονάω
slinger	σφενδονήτης
slip, let	παρίημι, ἀφίημι
(= stumble)	πταίω
away	ὑπεξέρχομαι
sloth, idleness	ἀργία (ἀργέω, ἀργός), ῥᾳθυμία (ῥᾳθυμέω, ῥᾴθυμος)
slow	βραδύς
slowly	σχολῇ
smell (verb) (tr.)	ὀσφραίνομαι g.
smile	μειδιάω
smoke (noun)	καπνός
smooth	λεῖος, ὁμαλός (level)
so, not even	οὐδ' ὥς
and so (such and such)	ὁ δεῖνα (τοῦ δεῖνος, τῷ δεῖνι)
called	λεγόμενος, καλούμενος
to speak	ὡς ἔπος εἰπεῖν
soft (=gentle, effeminate)	μαλακός (μαλακία, μαλακίζομαι)
solemn	σεμνός
somehow or other	ὁπωσδήποτε
sometimes	ἐνίοτε
soon	τάχα, οὐ διὰ μακροῦ (πολλοῦ), δι' ὀλίγου
soothe	πραΰνω, παραμυθέομαι (console)
sorrow	see grief
sorry, I am	μεταμέλομαι (with participle or g. rei)
	μεταμέλει μοι (with participle or g. rei)
sorts of, all	παντοῖος, παντοδαπός

sound (*noun*)	φωνή, φθόγγος, ψόφος (din)
(*verb*)	φθέγγομαι
source of	use αἴτιος
south	μεσημβρία, νότος (south wind)
space, plenty of	εὐρυχωρία
lack of space	στενοχωρία
leave a space	διαλείπω
spare	φείδομαι g.
speak	λέγω
a language	γλῶσσαν ἵημι
Greek	Ἑλληνίζω
in public	δημηγορέω
against	κατηγορέω g. (= charge), ἀντιλέγω d. (= oppose)
well (ill) of	εὖ (κακὰ) λέγω a.
spear	δόρυ (g. δόρατος) n.
spend (money)	ἀναλίσκω, δαπανάω
(time)	διάγω, διατρίβω
spirit (= soul)	ψυχή
(= ardour)	φρόνημα n., θυμός
(= intention)	διάνοια
(= divine power)	δαίμων
spite	φθόνος, ἐπήρεια (= spiteful abuse)
splendid	λαμπρός, εὐπρεπής, καλός
spoil (*noun*)	λεία
(*verb*) (= plunder)	συλάω, πορθέω, λήζομαι
(= damage)	διαφθείρω
spot, on the	αὐτοῦ, παραχρῆμα (of time)
spring (= well)	κρήνη, πηγή (= source)
spring (*verb*) (= arise)	γίγνομαι
(= leap)	πηδάω, ἅλλομαι
spur of the moment, on the	ἐκ τοῦ παραχρῆμα

squadron (of horse or ships)	τέλος n.
(of soldiers)	τάξις, λόχος
squander	*see* spend
stake (*verb*) (*tr.*) (= hazard)	παραβάλλομαι, κινδυνεύω περί g.
· be at stake	κινδυνεύεσθαι (passive)
stand (*tr.*) (= set up)	ἵστημι
(= endure)	ἀνέχομαι, ὑπομένω
(*intr.*)	ἵσταμαι
still	ἡσυχάζω
by (= abide by)	ἐμμένω d.
(= help)	παρίσταμαι d.
one's ground	ὑπομένω, ὑφίσταμαι
in the way of, oppose	ἐναντιόομαι d., ἀνθίσταμαι d.
start (= set out)	ἀφορμάομαι
(= begin)	ἄρχομαι (g. of nouns; participle of verbs)
state, I am in a certain	ἔχω (with adv.), διάκειμαι (with adv.)
statesman	σύμβουλος, ὁ πολιτευόμενος
statue (of a man)	ἀνδριάς (-άντος)
(of a god)	ἄγαλμα n.
steadfast	βέβαιος, καρτερός
I am steadfast	καρτερέω
steal (*tr.*)	κλέπτω
a march on (= anticipate)	φθάνω a.
away (*intr.*)	ὑπεξέρχομαι
steep	ὄρθιος, προσάντης, ἀπόκρημνος, κρημνώδης
still	ἔτι
(= however)	ὅμως
(= and yet)	καίτοι
stoutly (vigorously)	ἐρρωμένως

maintain stoutly	διϊσχυρίζομαι
strait (*noun*)	πορθμός, τὰ στενά
strange	δεινός, θαυμαστός, καινός
stranger (*noun*)	ξένος
strength	ἰσχύς (f.), ῥώμη
strengthen	ῥώννυμι (mostly perf. pass.
	= I am strong)
(= confirm)	βεβαιόω
(= encourage)	θαρσύνω
strictly (= exactly)	ἀκριβῶς
(= expressly)	διαρρήδην
strife	ἔρις, διαφορά, στάσις (faction)
strike	τύπτω, παίω, κρούω
with fear	ἐκπλήσσω
with a missile	βάλλω
strive (= exert myself)	σπουδάζω, διατείνομαι
(= contend)	ἀγωνίζομαι, ἁμιλλάομαι
strive after, aim at	μετέρχομαι, ἐφίεμαι g., ὀρέγομαι g
strong	μέγας, ἰσχυρός, δυνατός (powerful)
	καρτερός (of defences).
I am strong	ἰσχύω, ἔρρωμαι
stronghold	ἔρυμα n., χωρίον
struggle (*noun*)	ἀγών, ἅμιλλα
without a struggle	ἀμαχεί, ἀκονιτί
(*verb*)	ἀγωνίζομαι, ἁμιλλάομαι
stubborn, self-willed	αὐθάδης (αὐθαδίζομαι, αὐθάδεια)
study (= learn)	μανθάνω
(= practise)	ἀσκέω, ἐπιτηδεύω, μελετάω
(= examine)	ἐξετάζω, σκοπέω
(*noun*)	μάθημα n., μελετή
stumble, slip	πταίω, σφάλλομαι
stupid	ἀμαθής, ἀφυής, μῶρος (= foolish)

subdue	καταστρέφομαι, χειρόομαι, ἐκπολιορκέω (by siege)
subjects	οἱ ὑπήκοοι
subject to	ὑπήκοος g., ὑποχείριος d.
subjugate	καταστρέφομαι, ὑπ' ἐμαυτῷ ποιέομαι
submit (intr.)	see yield
to (= endure)	ἀνέχομαι, ὑπομένω, ὑφίσταμαι
succeed (of persons)	κατορθόω (ἔν τινι, περί τι, περί τινος)
(of things)	προχωρεῖν
(= come next)	ἐπιγίγνομαι
(e.g. in office)	διαδέχομαι (d. pers.)
success	εὐτυχία (good fortune), εὐπραγία
without success	ἄπρακτος
sudden	ἀπροσδόκητος (unexpected), αἰφνίδιος
suddenly	ἄφνω, ἐξαίφνης, ἐξ ἀπροσδοκήτου
suffer (see endure and allow)	πάσχω, ταλαιπωρέομαι (or act) (suffer hardship), ἀδικέομαι (suffer wrong)
suffice	ἀρκέω d.
sufficient	ἱκανός
suicide, commit	ἐμαυτὸν βιάζομαι
suitable	ἐπιτήδειος
summarily	ἐν κεφαλαίῳ, ὡς συνελόντι εἰπεῖν
summon	καλέω, παρακαλέω, μεταπέμπομαι
sun	ἥλιος
superior	κρείσσων
I am superior	διαφέρω g.
supper	δεῖπνον
take supper	δειπνέω
suppliant	ἱκέτης

I am a suppliant	ἱκετεύω
supplies	τὰ ἐπιτήδεια, τὰ σιτία
get supplies	ἐπισιτίζομαι
supply (*noun*)	πόρος
(*verb*)	παρέχω (τί τινι)
support	*see* help
(=maintain, feed)	τρέφω
oneself, make a living	βιοτεύω
suppose (=assume)	ὑπολαμβάνω
(=think)	οἴομαι, νομίζω, ἡγέομαι
I suppose (=perhaps)	δήπου, οἶμαι
supreme	κύριος, αὐτοκράτωρ
I am supreme	κρατέω
sure, I am	εὖ (σαφῶς) οἶδα, πέπεισμαι
	(I am convinced)
sure (=trustworthy)	πιστός, βέβαιος
(=clear)	σαφής
surmise, guess, conjecture	εἰκάζω, δοξάζω, τεκμαίρομαι
surpass	διαφέρω g., προέχω g., περιγίγνομαι
	g., ὑπερβάλλω
surprise (*tr.*) (=dismay)	ἐκπλήσσω
(=come upon)	καταλαμβάνω
surprised, I am	θαυμάζω
surrender (*tr.*)	παραδίδωμι
(*intr.*)	ἐμαυτὸν παραδίδωμι, ἐνδίδωμι
surround	κυκλόω (or middle)
with a wall	περιτειχίζω
survive	περιγίγνομαι (ἐκ)
suspect	ὑποπτεύω, ὑπονοέω
suspicion	ὑποψία
swear	ὄμνυμι
by	ὄμνυμι or ἐπόμνυμι a.

falsely	ἐπιορκέω
weet (= pleasant)	ἡδύς
to the taste	γλυκύς
wim	νέω
ympathetic	εὔνους, εὐμενής
ympathize with (a person)	συναλγέω d., συνάχθομαι d., συλλυπέομαι d.
(a cause)	τά τινος φρονέω or αἱρέομαι
ympathy	εὔνοια, εὐμένεια
able	τράπεζα
ake (catch, seize)	λαμβάνω, αἱρέω
(a town etc.)	αἱρέω (passive ἁλίσκομαι)
(a person)	ἄγω
advantage of	χράομαι d.
alive	ζωγρέω
by surprise	καταλαμβάνω
by assault	βίᾳ (κατὰ κράτος) αἱρέω
care of	ἐπιμελέομαι g.
hold of	λαμβάνομαι g., ἀντιλαμβάνομαι g.
off clothes	ἀποδύομαι, ἐκδύομαι
over	παραλαμβάνω
part in	μετέχω g.
pity on	οἰκτείρω a.
place	γίγνεσθαι
pride in	καλλωπίζομαι d., σεμνύνομαι ἐπί + d.
the field	στρατεύομαι, ἐπεξέρχομαι
to flight	ἐς φυγὴν καθίσταμαι
up arms	πόλεμον αἴρομαι, ὅπλα ἀναλαμβάνω
alk about, discuss	διαλέγομαι περί + g.
nonsense	ληρέω, λαλέω, φλυαρέω
aste (verb)	γεύομαι g.

tax, tribute	φόρος
teacher	see master
tear (noun)	δάκρυ n.
tell	λέγω, ἐξηγέομαι (tell at length), φράζω
temper (= anger)	ὀργή
(= mood)	τρόπος
temperance	μετριότης, σωφροσύνη, ἐγκράτει (self-control)
temperate	μέτριος, σώφρων, ἐγκρατής
terms (conditions of agreement)	λόγοι
on these terms	ἐπὶ τούτοις
come to terms	συμβαίνω
be on friendly terms	εὐνοϊκῶς διακεῖσθαι πρός, διὰ φιλία ἰέναι d.
terrify	ἐκπλήσσω
testify, bear witness	μαρτυρέω (τί τινι)
testimony	μαρτυρία
(= proof)	τεκμήριον
thank (tr.)	χάριν οἶδα (ἔχω) (d. pers.)
there	ἐκεῖ, ἐνταῦθα
think, consider	νομίζω, ἡγέομαι, οἴομαι (suppose) δοκέω (I think that I am, I am thought to be)
thirsty, I am	διψάω
threaten	ἀπειλέω (τινί or τί τινι)
throw	βάλλω, ῥίπτω
away	ἀποβάλλω, ἀπορρίπτω, προίεμαι (= abandon, sacrifice)
down arms	ὅπλα ἀφίημι
time	χρόνος
of day	ὥρα (hour)

right time	καιρός
for a time	τέως
at the time of	παρά a., ἐπί g.
about the time of	ὑπό a., κατά a.
at the same time	ἅμα
for the time being	ἐν τῷ παρόντι
in the time of	ἐπί g.
what time?	πηνίκα;
waste time	διατρίβω
timely, opportunely	καίριος
tired, I am	ἀποκάμνω, ἀπαγορεύω (esp. in perfect ἀπείρηκα)
to and fro	ἄνω κάτω (=up and down)
today	τήμερον
tomorrow	αὔριον
together, all (in a crowd)	ἀθρόος (usually plural)
too late	ὀψέ
too much	ἄγαν
top, crest	κορυφή
top of, the	use adj. ἄκρος (e.g. ἐπ' ἄκροις τοῖς κρημνοῖς)
touch	ἅπτομαι g.
touch at (=put in at)	σχεῖν (or προσσχεῖν) εἰς
tow, take in	ἀναδούμενος ἕλκω
trade (*noun*)	ἐμπορία, ἐργασία
(*verb*)	ἐμπορεύομαι, ἐργάζομαι
trader	ἔμπορος
train	παιδεύω (tr.), ἀσκέω (tr. and intr.) (also =practise)
traitor	προδότης
trample	καταπατέω
transgress	παραβαίνω

treachery	προδοσία
treasure	θησαυρός
treasury, public	τὸ κοινόν, τὸ δημόσιον
treat (=handle, manage)	μεταχειρίζω (and middle), χράομαι d., διατίθημι
well (ill)	εὖ (κακῶς) ποιέω a.
with, negotiate with	πράττω d. or πρός +a.
trial (judicial)	ἀγών, δίκη, κρίσις
I am on trial	φεύγω, κρίνομαι
bring to trial	εἰσάγω (εἰς δικαστήριον)
trial of, make	πειράομαι g., ἀποπειράομαι g.
tribe	ἔθνος n., φῦλον
triumph (noun)	νίκη
over (verb)	κρατέω g., τροπαῖον ἵστημι g. or κατα +g. or ἀπό +g.
trouble (verb)	πράγματα παρέχω d., ἐνοχλέω d.
about	σπουδάζω περί g., σπουδὴν ποιέομαι περί g.
troublesome	δυσχερής, δύσκολος, λυπηρός, χαλεπός
truce, armistice	αἱ σπονδαί, ἀνοκωχή, ἐκεχειρία
make a truce	σπένδομαι
trumpet	σάλπιγξ (-ιγγος f.)
trumpeter	σαλπιγκτής
trustworthy	ἀξιόπιστος, πιστός
try (judicial)	κρίνω, δικάζω, εἰς κρίσιν καθίστημι
tumult, turmoil, confusion	θόρυβος, ταραχή
turn (tr.)	τρέπω, στρέφω
(intr.)	use passive and middle of τρέπω, στρέφω
away from (intr.)	ἀποτρέπομαι (ἐκ)
out, result	ἀποβαίνειν, συμβαίνειν, ἐκβαίνειν

round (*intr.*)	περιστρέφομαι, ὑποστρέφω
back (*intr.*)	ἀποστρέφομαι
ugly	αἰσχρός, δυσειδής
unaccustomed	ἀηθής
unanimously	μιᾷ γνώμῃ, σύμπαντες
unarmed	ἄοπλος
unawares, off one's guard	ἀπροσδόκητος (or use λανθάνω + participle)
uncertain (= doubtful)	ἀσαφής, ἄδηλος
(= unreliable)	σφαλερός
unconstitutional	παράνομος
undefeated	ἀήσσητος
understand	συνίημι, ἐννοέω, ἐπίσταμαι
undertake	ἐπιχειρέω d., ὑφίσταμαι (a. rei or fut. inf.), μεταχειρίζομαι, ἀντιλαμβάνομαι g.
(= promise, agree to)	ὑπισχνέομαι, ἐπαγγέλλομαι
undoubtedly	δηλονότι
undress	*see* take off clothes
undying, everlasting	ἀΐδιος
unexpected	ἀπροσδόκητος, ἀνέλπιστος
unfortunate	δυστυχής, ἀτυχής
unfortunately	δυστυχῶς, κακῇ τύχῃ
unguarded	ἀφύλακτος
unimpaired, uninjured	ἀσφαλής, ἀκέραιος
unknown	ἀγνώς (-ῶτος)
to	κρύφα g., λάθρα g.
unparalleled	οὐδένι ἐοικώς (i.e. ' like none '), οὐδένος ἐλάσσων
unpleasant	ἀηδής, δυσχερής, λυπηρός
unpopular, I am	ἀπεχθάνομαι d.

unprepared	ἀπαράσκευος
unprofitable	ἀλυσιτελής
unreasonably	οὐκ εἰκότως, παρὰ τὸ εἰκός (improbably)
unrighteous	ἄδικος, ἀσεβής (=impious)
unscrupulous	πανοῦργος (knavish), πονηρός
unsuccessful	ἄπρακτος (of persons), ἀτελής (of things)
untimely	ἄκαιρος
untrustworthy	ἄπιστος
unwilling	ἄκων
unworthy	ἀνάξιος
upbraid	λοιδορέω, ψέγω (τινὰ περί τινος)
urge	κελεύω, πείθω (persuade), προτρέπω (induce), ἐξορμάω, ἐποτρύνω (both =incite), ἰσχυρίζομαι (=insist in argument)
use	χράομαι d.
up (=spend)	ἀναλίσκω
usual	εἰωθώς (-ότος)
as usual	ὡς ἐπὶ τὸ πολύ (for the most part)
utmost, extreme	ἔσχατος
utter (verb) (tr.)	φθέγγομαι, ἀφίημι
utterly	παντελῶς (wholly), παντάπασι, κατ' ἄκρας (of destruction)
vain (=ineffectual)	μάταιος
in vain	μάτην, ἄλλως
valuable	τίμιος, πολυτελής (costly)
value (verb)	τιμάω
highly	περὶ πολλοῦ ποιέομαι
vanguard	οἱ πρῶτοι

vanity, pride	ὕβρις, ὑπερηφανία
vehement, violent, excessive	σφοδρός
venal	δωροδόκος (δωροδοκία, δωροδοκέω)
vengeance	τιμωρία
take vengeance	τιμωρέομαι (τινά τινος)
venture	see risk
to	τολμάω with inf.
vex	λυπέω, ἐνοχλέω d.
vexed, I am	ἄχθομαι, λυπέομαι, ἀνιάομαι, ἀγανα-κτέω, δυσχεραίνω (all + d.)
vie with	ἁμιλλάομαι d.
vigorous, strong	ἰσχυρός, δραστήριος (= energetic)
vigorously	ἐρρωμένως, ἰσχυρῶς, σπουδῇ
village	κώμη
villain	see wicked, unscrupulous
violence	βία
use violence	βιάζομαι (νεώτερόν τι ποιεῖν εἰς use violence against)
violent	βίαιος
visit	φοιτάω παρά a.
voluntarily	use ἑκών
vote (noun)	ψῆφος f., ψήφισμα n. (decree)
(verb)	ψηφίζομαι, χειροτονέω
for	ψηφίζομαι a. or inf.
voyage	πλοῦς
wages	μισθός
wait	μένω
(= delay)	τρίβω, μέλλω, ἐπέχω
for	προσδέχομαι a., περιμένω a., τηρέω a. (= watch for)
lie in wait	ἐφεδρεύω d.

wake (*tr.*)	ἐγείρω
(*intr.*)	ἐγείρομαι
walk	βαδίζω
wander	πλανάομαι
want (*noun*)	ἔνδεια, ἀπορία, σπάνις
(*verb*)	δέομαι g., ἀπορέω g., σπανίζω ξ
(= be deficient in)	ἐλλείπειν g.
(= desire, require)	ἐπιθυμέω, ἐφίεμαι, ὀρέγομαι
	(all + g.)
wanting, deficient	ἐνδεής, ἐλλιπής g.
war, wage	πολεμέω d., πόλεμον ποιέομ
	πρός
make war	πόλεμον ἐπιφέρω d.
declare war	πόλεμον καταγγέλλω
resort to war	εἰς πόλεμον καθίσταμαι
put an end to war	πόλεμον καταλύομαι (or active)
ward off	ἀμύνω (τί τινι)
from myself (= repel)	ἀμύνομαι a.
warn (= admonish)	παραινέω d., νουθετέω
(= tell beforehand)	προλέγω d.
waste (= ravage)	δηόω, τέμνω, πορθέω
(= plunder)	ἁρπάζω, συλάω, λήζομαι
(= throw away)	προίεμαι
money	δαπανάω, ἀναλίσκω
time	διατρίβω
watch (= guard)	φυλάσσω, φρουρέω, τηρέω
(= behold)	θεάομαι, θεωρέω
for	τηρέω a., φυλάσσω a.
way (road, path)	ὁδός f., ἀτραπός f.
of life	δίαιτα
in the way	ἐμποδών
out of the way	ἐκποδών

give way (yield)	ὑποχωρέω, παραχωρέω, εἴκω
in every way	πανταχῇ or πανταχῶς
in this way	ταύτῃ
weak	ἀσθενής (ἀσθένεια, ἀσθενέω)
wealth	see riches
wear (clothes, etc.)	φορέω
wear out (tr.)	κατατρίβω, ἐκτρυχόω (of persons)
weary, I am	ἀποκάμνω, ταλαιπωρέομαι
welcome (receive hospitably)	ὑποδέχομαι
(= greet)	ἀσπάζομαι
well (noun)	φρέαρ n.
well-bred	εὐγενής, γενναῖος
-disposed	εὔνους
-governed	εὐνομούμενος
white	λευκός
wicked	κακός, πονηρός, μοχθηρός
wickedness	κακία, πονηρία, μοχθηρία
wild	ἄγριος
will, good-	εὔνοια (εὔνους)
ill-will	δυσμένεια (δυσμενής)
willingly (= gladly)	ἀσμένως, προθύμως, ἡδέως
(= voluntarily)	ἑκών
win (= obtain)	κτάομαι
(= get for oneself)	περιποιέομαι, φέρομαι, εὑρίσκομαι
a law case	δίκην αἱρέω
over	προσάγομαι
wish, it is my	μοι βουλομένῳ ἐστίν
wishes of, against the	use ἀκών adj. unwilling
withdraw (lead away) (tr.)	ἀπάγω
(= retire) (intr.)	ἀναχωρέω, ὑποχωρέω, ὑπεξέρχομαι (secretly)
withstand	ἀνθίσταμαι d., ἀντέχω d., ὑπομένω

witness (= behold)	θέαομαι, θεωρέω
(= evidence) (*noun*)	μαρτυρία
a witness	μάρτυς (-υρος)
I bear witness	μαρτυρέω
I call to witness	μαρτύρομαι
wonder, wonder at	θαυμάζω tr. or intr.
wonderful	θαυμαστός, θαυμάσιος
wonderfully	θαυμασίως (cf. θαυμασίως ὡς
	δεινός = wonderfully clever)
word, in a	ὅλως, ἁπλῶς, ὡς συνελόντι εἰπεῖν
pass round word	περιαγγέλλω
pass word along	παραγγέλλω
(= pledge)	πίστις
work (*verb*) (*intr.*)	ἐργάζομαι, πονέω
world (= inhabited earth)	ἡ οἰκουμένη, ἡ γῆ
(= the universe)	ὁ κόσμος
in this world	ἐνθάδε
in the next world	ἐκεῖ
where in the world?	ποῦ γῆς;
worship (of a god)	σέβομαι
(a person)	προσκυνέω
worthless (of persons)	φαῦλος, πονηρός, οὐδένος ἄξιος
(of things)	ἀχρεῖος
wound (*noun*)	τραῦμα n.
(*verb*)	τραυματίζω, τιτρώσκω
wreck (of a ship)	(τα) ναυάγια (ναυαγέω = I suffer
	shipwreck)
wretched	*see* miserable
wrong (morally)	ἄδικος (ἀδικία, ἀδικέω tr. and intr.)
I am wrong	ἁμαρτάνω (= I make a mistake)
yearn, yearn for	ποθέω tr. and intr., ἐπιθυμέω g.

yesterday	χθές (cf. χθὲς καὶ πρώην yesterday or the day before)
yet (=still)	ἔτι
(=however)	μέντοι, ὅμως
and yet	καίτοι
not yet	οὔπω (μήπω)
never yet	οὐδεπώποτε, etc.
yield (*tr.*)	παραδίδωμι
(*intr.*)	εἴκω, ὑπείκω, ἐνδίδωμι
young	νέος
youth (=young man)	νεανίας
(=time of)	ἥβη, ἡλικία
zeal	σπουδή (σπουδαῖος, σπουδάζω) προθυμία (πρόθυμος, προθυμέομαι)

PART THREE

EXAMPLES OF GREEK IDIOMATIC USAGES

THE following list is, of course, not meant to be comprehensive. It is designed as a supplement to the Prose Vocabulary, to help you further to realize that many English words have different shades of meaning in different contexts and that, in translating into Greek, it is vital to ask what the precise meaning is, as different words will often be required in Greek to express these varying shades of meaning.

In the second place it is meant to serve as a nucleus round which the student can build his own selection from his reading of the Greek prose texts.

Most of the simpler usages to be found in elementary grammars are omitted here and care has been taken to avoid repetition of material given in the Prose Vocabulary.

IDIOMATIC USAGES

(A) **With prepositions**

(1) He tried to cheer them as well as circumstances allowed — ὡς ἐκ τῶν παρόντων αὐτοὺς ἐθάρσυνεν

(2) Everything depends on this — ἐκ τούτων πάντα ἀνήρτηται (ἀναρτάω to hang up)

(3) To carry on the war in no desultory fashion *or* To regard the war as no secondary matter — οὐκ ἐκ παρέργου τὸν πόλεμον ποιεῖσθαι

(4) It depends on (rests with) you — ἐν ὑμῖν ἐστιν

(5) They have repute above all others   ἐν τοῖς πρῶτοι εὐδοκιμοῦσιν

(6) To be of no account   ἐν οὐδενὸς μέρει εἶναι

(7) To regard as an underling   ἐν ὑπηρέτου μέρει ποιεῖσθαι (τιθέναι)

(8) He was within an ace of succeeding   παρ' ὀλίγον ἦλθε κατορθῶσαι

(9) They won a decisive victory   παρὰ πολὺ ἐνίκησαν

(10) To consider of no importance   παρ' οὐδὲν ποιεῖσθαι (τιθέναι)

(11) To be on friendly terms with someone   διὰ φιλίας ἰέναι τινί (similarly δι'ὀργῆς, δι'ἔχθρας etc.)

(12) They put to sea with the intention of giving battle   ὡς ἐπὶ ναυμαχίᾳ ἀνήγοντο

(13) Surely you are come to enslave us?   πῶς οὐκ ἐπὶ τῇ ἡμετέρᾳ δουλείᾳ ἥκετε;

(14) It is in your power   ἐφ' ὑμῖν ἐστιν

(15) To conclude the alliance on fair and equal terms   ἐπὶ τοῖς ἴσοις καὶ δικαίοις τὴν συμμαχίαν ποιεῖσθαι

(16) Our sufferings were beyond tears   μείζω ἢ κατὰ δάκρυα ἐπάθομεν

(17) Superhuman wisdom   μείζων τις ἢ κατ'ἀνθρώπους σοφία

(18) They dispersed to their several states   διελύθησαν κατὰ πόλεις ὡς ἕκαστοι

(19) Make haste and rid yourselves of the traitors at all costs   ἀνύσαντες ἀπαλλάττεσθε τῶν προδοτῶν παντὸς ἕνεκα

(20) We found him at dinner   αὐτὸν μεταξὺ δειπνοῦντα κατελάβομεν

(21) At sunrise (sunset)   ἅμ' ἡλίῳ ἀνατέλλοντι (καταδύντι)

(B) **With negatives**

(22) We cannot possibly allow them to be ill-treated οὐκ ἔστιν ὅπως αὐτοὺς περιοψ
μεθα κακῶς πάσχοντας

(23) In ability second to none τῇ συνέσει οὐδενὸς λειπόμει
(δεύτερος)

(24) You are simply wasting time οὐδὲν ἄλλο ἢ διατρίβεις

(25) All the world knows οὐδεὶς ὅστις οὐκ οἶδεν

(26) He left nothing undone οὐδὲν ὅ τι οὐκ ἐποίησεν

(27) Philip has made hardly any slip ἤ τι ἢ οὐδὲν ἔπταισεν ὁ Φίλιππ

(28) Not only does he not accuse us (so far is he from, etc.) οὐχ ὅπως ἡμᾶς αἰτιᾶται ...

(29) I know perfectly well that democracy is offensive to people like you οὐκ ἀγνοῶ τὴν δημοκρατίαν τc
οἵοις ὑμῖν ἐπαχθῆ οὖσαν

(30) No matter what happens οὐδ' (μηδ') ἂν (= ἐάν) ὁτιο
γένηται

(31) I cannot possibly distrust you οὐκ ἔχω ὅπως σοι ἀπιστῶ

(32) I rather think this statement too harsh or This statement may be too harsh μὴ λίαν πικρὸν ᾖ τοῦτο εἰπεῖ

(33) This may not appear pleasant μὴ οὐ τοῦτο ἡδὺ φαίνηται

(34) He certainly will not rest on his laurels οὐ μὴ τοῖς πεπραγμένοις ἀγc
πήσας ἡσυχίαν ἀγάγῃ

(35) I certainly will not cease pursuing knowledge οὐ μὴ παύσωμαι φιλοσοφῶν

(C) **With the dative case**

(36) Now he finds that everything succeeds ἤδη αὐτῷ πάντα προχωρεῖ

(37) They experienced a remark- αὐτοῖς θαυμασίως ὡς περιέστ

able reversal of fortune (turn ἡ τύχη
of fate)

(38) That is my wish   τοῦτ' ἐμοὶ βουλομένῳ ἐστίν

(39) I am surprised you are not   θαυμάζω εἰ μὴ ὑμῖν ἀσμένοις
glad at this happening   τοῦτο ἐγένετο

(40) The ships were sunk crews   αἱ νῆες διεφθάρησαν αὐτοῖς τοῖς
and all   ἀνδράσιν

(41) Our ideal king must be   τὸν ἄκρον βασιλέα δεῖ ἡμῖν
naturally wise   σοφὸν πεφυκέναι

(42) The private funds of these   ὅσῳ τὰ τῆς πόλεως ἐλάττω
(politicians) are increased in   γέγονε τοσούτῳ τὰ τούτων
proportion as the public   ηὔξηται
funds are impoverished.

(D) **With the verbs** ὑπάρχω, καθίστημι, χράομαι, γίγνομαι, πάσχω,
   ποιέομαι

(43) They have the advantage of   ὑπάρχουσι θαλασσοκρατοῦντες
being strong at sea

(44) He was assured of the good-   ἡ παρὰ πάντων εὔνοια αὐτῷ
will of all   ὑπῆρχεν

(45) Philip possessed a measure of   ὑπῆρχε Φίλιππος δύναμίν τινα
power to start with   κεκτημένος

(46) The mistakes we have already   τὰ ὑπάρχοντα ἡμῖν ἁμαρτήματα
made

(47) All men are liable to be hated   τὸ μισεῖσθαι ἔστιν ὅτε πᾶσιν
at times   ὑπάρχει

(48) Unless you yourselves set an   ἐὰν μὴ παρ' ὑμῶν αὐτῶν ὑπάρξῃ
example by doing your duty   τὰ δέοντα

(49) The place is naturally strong   τὸ χωρίον καρτερὸν ὑπάρχει (like
   πέφυκε)

(50) He was reduced to the depths   ἐς πᾶν ἀθυμίας κατέστη
of despair

(51) They were roused to such a ἐς τοσοῦτον προθυμίας κατ·
pitch of enthusiasm   στησαν

(52) We now find ourselves in a ἐς πᾶν κινδύνου ἤδη καθέσταμ·
critical position

(53) Some men are not fond of εἰσὶν οἳ οὐκ ἀγαπῶσι τὰ καὶ
established institutions   εστῶτα

(54) No sooner did he sight me οὐκ ἔφθασεν ἐμὲ κατιδὼν κι
than he took to flight   ἐς φυγὴν κατέστη

(So also many transitive usages with this verb meaning ' to brin
into a certain state; to reduce to. . .'.)

(55) They showed no lack of en- προθυμίᾳ πάσῃ ἐχρῶντο εἴ πα
thusiasm in the hope of cap-   ἕλοιεν τὸ τείχισμα
turing the fort

(56) To take advantage of the εὖ χρῆσθαι τοῖς πράγμασιν
situation (circumstances)

(57) To treat one as a friend   χρῆσθαί τινι ὡς φίλῳ

(58) To experience rough weather τῇ ἀπλοίᾳ χρῆσθαι

(59) They indulged in mingled βοῇ ἅμα καὶ παρακελευσμῷ
shouts and cheering   ἐχρῶντο

(60) To live under a liberal con- ἐλευθερίᾳ πολιτείᾳ χρῆσθαι
stitution

(61) To find oneself at the height ἐν ἀκμῇ τῆς ῥώμης γίγνεσθαι
of one's power

(62) They surpassed themselves ἀνδρειότεροι αὐτοὶ ἑαυτῶν ἐγέ
in courage   νοντο

(63) When they got near the ὡς ἐγένοντο πρὸς τῷ ἰσθμῷ τὰ
isthmus they found the ships   ναῦς ἤδη μετεώρους κατέ
already at sea   λαβον

(64) He was scheming to ἔπραττεν ὅπως πόλεμος αὐτοῖ
involve them in war with   γένοιτο πρὸς τοὺς Λακε
Sparta   δαιμονίους

(65) Not knowing what is to be-
come of them

οὐκ ἔχοντες (εἰδότες) ὅ τι
γένωνται

(66) To be master of oneself (one's
feelings)

ἑαυτοῦ (or ἐν ἑαυτῷ) γίγνεσθαι

(67) To be engaged in (occupied
at) something

γίγνεσθαι (=σπουδάζειν) περί τι

(68) If anything happened to me

εἴ τι πάθοιμι

(69) What makes you angry with
me?

τί παθὼν ἐμοὶ ὀργίζει;

(70) This is the impression made
on you by my accusers

τοῦτο μὲν ὑμεῖς πεπόνθατε ὑπὸ
τῶν ἐμῶν κατηγόρων

(71) This would be the case with
most people

τοῦτο ἂν οἱ πολλοὶ πάθοιεν

(72) So that you may avoid
making the same mistake

ἵνα μὴ ταὐτὸ πάθητε

(73) To put oneself as far as pos-
sible above suspicion

ἑαυτὸν ὡς πορρωτάτω ποιεῖσθαι
τῶν ὑποψιῶν

(74) To be angry with a person

ἐν ὀργῇ ποιεῖσθαί τινα

(75) To bring under one's power

ὑφ' ἑαυτῷ ποιεῖσθαι

(76) To count it clear gain

ἕρμαιον ποιεῖσθαί τι

(77) To deem of more consequence

προὐργιαίτερον ποιεῖσθαί τι (προ-
ὔργου =useful, important)

(78) To deem it intolerable

οὐκ ἀνασχετὸν ποιεῖσθαί τι

(Similarly in very many prepositional usages, e.g. περὶ πολλοῦ
ποιεῖσθαι, περὶ ὀλίγου π., παρ' ὀλίγον π., παρ' οὐδὲν π. etc.)

(E) Miscellaneous idioms

(79) They displayed remarkable
courage

θαυμασίαν ὅσην ἀρετὴν ἀπεδεί-
ξαντο (or) θαυμασίως ὡς
ἀνδρεῖοι ἐφάνησαν

(80) Among other things they
envied our success

ἄλλα τε ἐζήλωσαν καὶ τὴν ἡμε-
τέραν εὐπραγίαν

(81) You'll not get off scot-free   οὐ χαίρων ἀπαλλάξεις (or Mid. ἀπαλλάξει)

(82) He requested that no stern measures be taken in regard to the prisoners   ἠξίωσε μηδὲν νεώτερον ποιεῖν περὶ τῶν αἰχμαλώτων

(83) You imagine the future will take care of itself   οἴεσθε τὰ μέλλοντα αὐτόματα σχήσειν καλῶς

(84) His aims were realized   ἔτυχεν ὧν ἐφίετο (ὠρέγετο)

(85) His hopes were dashed   ὧν ἤλπιζεν ἐσφάλη

(86) Those who further Philip's interests or side with Philip.   οἱ τὰ τοῦ Φιλίππου φρονοῦντες

(87) Anyone can make a mistake   παντός ἐστι (τοῦ τυχόντος ἐστί) τὸ ἁμαρτάνειν

(88) A man utterly incapable of cheating   ἀνὴρ οὐδαμῶς οἷός τε φενακίζειν

(89) He deserves to be praised   δίκαιός ἐστιν ἐπαίνου τυχεῖν

(90) At the beginning (middle, end) of summer   τοῦ θέρους ἱσταμένου (μεσοῦντος, τελευτῶντος)

(91) He perished with nine others   αὐτὸς δέκατος ἀπώλετο

(92) To leave no stone unturned   πᾶν ποιεῖν ὥστε (inf.): παντὶ σθένει πειρᾶσθαι (inf.)

(93) It is the part (duty) of a statesman to expound the policy that suits the circumstances   ὅ τι δεῖ πράττειν περὶ τῶν παρόντων τοῦτ' ἐστι συμβούλου

ENGLISH ABSTRACT EXPRESSIONS

Closely allied to idioms are the following examples of how English abstract expressions may be rendered in Greek to achieve clarity and precision. Though Greek has many abstract nouns in common use, the Greeks usually preferred a concrete to an abstract form of expression.   The sentences below show some of the methods by which English abstracts can be replaced by constructions which are more simple, direct and precise.

(A) **Use of verbs (especially participles) to replace nouns**

(94) To this question of theirs we gave no answer
      αὐτοῖς ἐρομένοις ταῦτα οὐδὲν ἀπεκρινάμεθα

(95) We learned with surprise that the prisoners were forming a plan of excape
      ἐθαυμάζομεν πυθόμενοι τοὺς αἰχμαλώτους μηχανωμένους ὅπως ἐκφεύξονται

(96) As we had full confidence in our allies' loyalty, we rejected the king's overtures
      ἅτε εὖ εἰδότες τοὺς συμμάχους ὄντας πιστοὺς ἃ ἐπηγγείλατο βασιλεὺς οὐκ ἠθέλομεν δέχεσθαι

(97) No attempt at rescue of the fugitives was then made
      οὐδεὶς τότε ἐπειράθη σῴζειν τοὺς φυγόντας

(98) His conviction for impiety won general approval
      πάντων συγχωρούντων ἀσεβείας ἑάλω

(B) **A verb in a dependent question clause**

(99) Neither their numbers nor their intentions are known to us
      ἴσμεν οὔτε πόσοι εἰσὶν οὔτε τί διανοοῦνται

(100) I shall explain clearly the nature and reason of their slander
      σαφῶς ἐξηγήσομαι καὶ ποῖον καὶ διὰ τί ἐμὲ διαβάλλουσιν

(C) **A verb in a neuter relative clause**

(101) Their success at Leuctra had gone to their heads
      οἷς (τούτοις ἃ cognate acc.) ἐν Λεύκτροις ηὐτύχησαν οὐ μετρίως ἐκέχρηντο

(102) In the discharge of your trust you took no account of personal grievances
      οὐδὲν ὧν ἠδίκησθε ἐν οἷς ἐπιστεύθητε ὑπελογίζεσθε

(103) You profit by the mistakes of others

ἐξ ὧν ἁμαρτάνουσιν ἄλλοι ὠφελεῖσθε

(104) Their gratitude derives from such favours as they receive
from you

ἐξ ὧν ἂν αὐτοῖς χαρίζησθε χάριν ἴσασιν

(D) An adjective, especially in the neuter

(105) The uncertainty of the future   τὸ ἀφανὲς τοῦ μέλλοντος

      Pleasantness of manner (charm)   τὸ ἐπίχαρι

      Ambition   τὸ φιλότιμον

      Expediency   τὸ σύμφερον

      Contentiousness   τὸ φιλόνεικον

(106) He showed great moderation and indeed magnanimity

ἑαυτὸν μετριώτατον παρεῖχε καὶ δὴ καὶ μεγαλόθυμον

Greek style avoids particularly an impersonal abstract subject

(107) Information about a state of revolt in these parts induced
them to turn their attention to the war with Sparta

πυθόμενοι ταῦτα τὰ χωρία ἀφεστῶτα ἐτράποντο ἐπὶ τὸν πρὸς
τοὺς Λακεδαιμονίους πόλεμον

(108) Their acceptance of the terms was simply a confession of
defeat

τοὺς λόγους δεχόμενοι (or aorist) οὐδὲν ἄλλο ἢ ὡμολόγησαν
νικηθῆναι

(109) Such statesmanship proves that you are ready to sacrifice the
state's interests to your own personal ambition

τοιαῦτα (cognate acc.) πολιτευόμενοι φαίνεσθε ἐθέλοντες τῆς
ὑμετέρας φιλοτιμίας ἕνεκα τὰ κοινὰ προΐεσθαι

(110) Many unexpected accidents prevented his departure

πολλῶν παρὰ γνώμην γεγονότων ἐκωλύθη ἀπιέναι

111) These preparations continued for a great part of the year

ἐπὶ πολὺ τοῦ ἔτους ταῦτα παρασκευαζόμενοι διετέλουν

112) The very thought of such a thing almost drove them to despair

τὸ τοιοῦτο ἐνθυμούμενοι μόνον οὐκ ἐς ἀθυμίαν κατέστησαν

113) A plan was afoot in some quarters to end the republic

ἐμηχανῶντό τινες ὅπως τὴν δημοκρατίαν καταλύσουσιν

114) Past experience had taught them what to expect if captured

δι' ἐμπειρίαν οἷοί τε ἦσαν γνῶναι τί πάσχειν ἁλόντες μέλλουσιν

115) The failure of this expedition put an end to all their hope of decisive victory

ταύτης τῆς στρατείας σφαλέντες οὐκέτι ἤλπιζον παρὰ πολὺ νικήσειν

116) The standard of revolt was raised by all the allies

φανεροὶ ἦσαν ἀποστάντες πάντες οἱ σύμμαχοι

www.ingramcontent.com/pod-product-compliance
Ingram Content Group UK Ltd.
Pitfield, Milton Keynes, MK11 3LW, UK
UKHW031253020325
455690UK00007B/54